日企就业指导与职业发展

日系企業の就職指導
とキャリア開発

[日] 森吉弘 著

修德健　王爱静　郭晓丽　路秀丽　魏晓艳　等 译

浙江工商大学出版社 | 杭州
ZHEJIANG GONGSHANG UNIVERSITY PRESS

图字：11-2022-067

图书在版编目（CIP）数据

日企就业指导与职业发展 /（日）森吉弘著；修德
健等译 . — 杭州：浙江工商大学出版社，2022.5
ISBN 978-7-5178-4862-2

Ⅰ . ①日… Ⅱ . ①森… ②修… Ⅲ . ①大学生—职业
选择—高等学校—教材 ②企业管理—日本 Ⅳ .
① G647.38 ② F279.313.3

中国版本图书馆 CIP 数据核字（2022）第 029186 号

日企就业指导与职业发展
RIQI JIUYE ZHIDAO YU ZHIYE FAZHAN

［日］森吉弘 著

修德健　王爱静　郭晓丽　路秀丽　魏晓艳　等 译

责任编辑	姚　媛
封面设计	浙信文化
责任校对	鲁燕青
责任印制	包建辉
出版发行	浙江工商大学出版社 （杭州市教工路 198 号　邮政编码 310012） （E-mail：zjgsupress@163.com） （网址：http://www.zjgsupress.com） 电话：0571-88904980，88831806（传真）
排　　版	杭州市拱墅区冰橘平面设计工作室
印　　刷	杭州宏雅印刷有限公司
开　　本	880mm×1230mm　1/32
印　　张	7
字　　数	159 千
版印次	2022 年 5 月第 1 版　2022 年 5 月第 1 次印刷
书　　号	ISBN 978-7-5178-4862-2
定　　价	42.00 元

| 中文版前言 |

 曾有一名中国留学生在成田机场临别时对我说："森老师，虽说我比较乐意接触日本和日本人，但我还是选择回中国，因为在日本找工作实在太难了。"也曾有一个越南人跟我说："后悔当初选择学习日语。"想起这些事，就令人难过。

 这些年，我做了一些工作，来支持和帮助那些乐意接触日本、努力学习日语并打算在日本就业的外国留学生，虽然取得了一些成绩，但效果仍不够理想。实际上，在日本顺利就业的留学生只占外国求职者总数的56%，有超过40%的留学生（实际人数大约有6700）无法实现就业愿望，而2016年的这一数字更是低至只占留学生总人数的36%。

 由此看来，日本算得上是一个"不懂得珍惜"的国家。很多留学生希望在日本就业，但难以受到日企的青睐，日企也因此失去了大批优秀人才。对此我们不能坐视不管。对日本来说，优秀的留学生是一笔难得的财富，他们无法在日本实现自己的梦想实在令人痛惜。对留学生来讲，花费大量时间和精力去学习日语，却得不到相应的回报无疑是一件十分尴尬的事情。

 无论大家如何看待日本，从我个人的角度讲，日本的确是个独具特点的国家。就拿就业和工作来说，日本有不少特有的制度，比如：针对应届毕业生的校招（校园招聘）、基于预判未来发展可能性的人才招聘、终生雇佣、工作年限累积型职级工资制度等。大学

1

的入学及毕业时间也不同于其他国家。但遗憾的是，不少日本人往往认识不到这些差异，也不会灵活应对和处理不同社会文化之间存在的差异问题，反倒一味地坚持自己的观点，过于刻板。

年轻人面临择业，有时会不知所措，大多茫然不知日企在招聘时对人才的具体要求。读一读这本书，或许会为大家了解日企提供一些帮助，也便于大家就职前做一些有针对性的准备。

本书的读者对象是有意在日企就业的人。目的是帮助这些人做好职业选择和规划。当然，书中的一些内容对于那些打算在本国企业就业和立志成才的人也有一定的借鉴意义。

本书的第 1 章介绍了日企的特点。目的是便于企业和个人彼此了解，让双方做到自己的所求与对方的所需相吻合，避免彼此消耗。

《孙子兵法》曰："知己知彼，百战不殆；不知彼而知己，一胜一负；不知彼，不知己，每战必殆。"它告诉我们，带兵打仗，仔细研究对手十分重要；要想常胜，必须详细了解对手。这很值得我们研究企业时借鉴。

第 2 章主要介绍了个人性格分析、个人基本素质等方面的问题。有人说，世上最难的事就是对自己的了解。之前有研究表明，人过了 20 岁，个人的基本素质等就难以再提高，但我不认可这个观点。这一章就告诉大家，寻求基本素质的不断提高完全是有可能的。通过这一章的学习，大家将会对自己的性格及基本素质有一个更明确的认识，在此基础上，再去努力奋斗，会做得更好。

第 3 章主要探讨探寻和发现自我，即自我认知的问题。学会发现自己所具有的特点。这里尝试运用多种方法来帮助大家探寻自己所具有的特点。由于工作关系，我与3000多人交流过他们各自的自我分析。大家可以运用书中介绍的方法去做具体的自我分析。本章还具体介绍了如何推介自己。第3.14节就是关于"我是谁"的问题的讲解，选读这一部分，大家也会有所收获。

第4章和第5章主要围绕简历的写法、面试的方法，介绍择业时一些必要的技能。在这两章里，我力求从更广阔的视野出发，介绍不同国家和不同企业的成员应必备的基本条件。关于这一点，即使是已踏入社会的人，也需要不断学习并努力实践。我们相信，这里所谈到的问题，如果大家能够努力实践，一定会在就业以后，在自己的工作岗位上做得更好，使自己的工作生活更充实、更有意义。

第6章的主要内容是商务礼仪。这一章的后半部分是结合日本文化的特点来谈的。无论是对日本人还是对外国人，都具有一定的借鉴意义。商务礼仪是决定一个人第一印象的要素之一，需要认真学习并掌握好它。

第7章介绍了日本的文化和习惯。这部分内容对于外国人了解日本和日本人的特性是十分必要的。对于立志在更广阔的国际舞台中寻求更大发展的日本人来说，深入了解本国的社会文化也同样重要。

值此中文版出版之际，谨向修德健教授及各位译者表示诚挚的谢意。感谢各位老师对本书内容的理解与肯定。在与各位老师的交流中，我深切地感受到了老师们对学生就业和年轻人的职业发展所倾注的热情和付出的努力。正是老师们这种对学生的真挚的关心和炽热的教育情怀才促成了这本书与中国读者见面。各位译者克服困难，不辞辛劳，对书中的概念表达和用语等进行研究和斟酌，其一丝不苟的认真态度给我留下了深刻印象，也为我重新思考书中所涉及的问题并及时调整和改进有关内容提供了难得的机会。在此，衷心感谢老师们通过团队努力为中日两国的共同发展和繁荣、为增进两国人民之间的了解和沟通所做出的宝贵贡献。

衷心期望通过学习本书内容，每一个人都能够实现自己的目标和梦想，使自己的生活更加充实、更加有意义。

森吉弘

译者序

本书作者森吉弘于 2008 年 4 月创办了"森研讨班",该班秉持开放、多元、创新等理念,通过演讲、培训、定期讲座等多种形式为日本大学生、各国留学生提供就业指导,为社会各界组织的各级、各类职业发展教育活动提供专业化的服务。多年来,森吉弘先生在该领域积累了丰富的理论及实践经验。森吉弘先生本人现兼任日本帝京大学大学生就业和职业发展中心特聘副教授。他曾担任日本广播协会(NHK)的节目主持人,具备出色的主持能力;其创办的森研讨班在日本各界具有较高的知名度。本书作为该研讨班和日本一些知名高校相关课程的主打教材被广泛使用,为帮助大学生和职场人士在就业、认识自我、职业发展等方面发挥了积极作用,得到了日本大学生和社会各界人士的推介。

我们与森吉弘老师的交流始于 2018 年 9 月。当时森吉弘老师应邀来我校做文化交流讲座,讲座内容引起了学生们的极大兴趣。随后双方就进一步扩展和深化中国大学生日企就业指导和职业发展等事宜建立了合作关系。结合中国海洋大学多年来实施的日语专业夏季学期经贸实习课程及本科生毕业实习等课程的内容和实际需求,经双方磋商,决定翻译本书以供中国大学生及普通读者学习、参考。我们认为,如将其作为就业指导和职业发展相关课程的教材,既可以使日语专业学生了解和熟悉实用的日语,又能够为读者提供有关日本企业及日本社会的必要知识,同时还能帮助读者充分认识自我、认识社会、端正生活态度,为将来走向社会打下坚实的基础。明确目的之后,我们随即成立了翻译小组,由修德健、王爱静、郭晓丽、路秀丽、魏晓艳等 5 名从事日语教学工作且经验丰富的教师担任翻译工作。翻译过程中我们多次研讨，将遇到的所有问题汇集成词表，及时向森吉弘老师征询意见，逐一对词表中的问题进行讨论并确定翻译方案，以确保对原文意义的理解及译语的准确性。

本书的主要特点可以概括为以下 3 个方面：第一，理论基础深厚，条理清晰；第二，案例生动，可操作性强；第三，图表信息量丰富，直观性强。与目前国内同类教材和有关资料相比，本书信息量丰富，尤其关注细节的把握与分析，将抽象的文字叙述与丰富多彩的图表形式相结合，便于读者阅读理解和实操。

本书全面介绍了求职日本公司时需要注意的问题，内容讲解细致入微，值得准备在日企求职者学习使用。日本是中国的近邻，其文化多源自中国，中国文化在日本得到了创造性的继承和发扬，也培养了日本人的思维方式并较充分地体现在了职场文化中。正因为如此，本书不仅对求职日企的大学生有所帮助，而且对具备工作经验的一般求职者也具有一定的参考价值。

在此，感谢森吉弘老师对本书所给予的支持和帮助。本书获得中国海洋大学教材出版基金和中国海洋大学一流本科专业建设资金项目的支持，在此一并表示谢意。同时也感谢浙江工商大学出版社鲍观明社长和姚媛编辑为本书的出版所给予的支持。由于我们学识有限，经验不足，文中难免出现不恰当的地方，敬请读者原谅并提出宝贵意见。

译者代表　修德健

目　录

1

1.1 了解行业分类

找工作之前，先要思考什么是工作。对这个问题，人们看法不一。我的看法是，工作是自己花时间满足其他人愿望的行为。明确了这个问题，再来考虑自己想做什么，能做什么，期望的收入是多少。找工作时，要先了解有哪些行业，即行业分类。在日本，大致有以下 9 种行业：制造，零售 / 物流，服务，基础设施，软件、硬件及信息处理，贸易，银行、证券、保险（金融业），信息（广告、通信、媒体），政府机关。（见图 1-1）

这 9 种行业依据产品性质及其服务对象的不同又可分成为个人、为企业、为个人和企业 3 种类型。服务对象即顾客是一般消费者还是公司，其对员工所提出的能力及相关技能等方面的要求会有所不同。比如直接面对消费者的工作，需要有关人员具有快速及时的反应和沟通能力；以公司等集团组织为对象时，在能力方面则会看重员工能否踏踏实实地工作，是否善于长期坚持与对方沟通并建立良好的信赖关系等。

行业的分类还可以结合其存续时间及销售等因素考虑。大致分为黎明期、成长期、成熟期、停滞期。比如：钢铁业其规模庞大，仅从增长率来看并不突出，但其发展持续稳定，各方面比较成熟。而作为第四次产业革命的代表——人工智能（Artificial Intelligence, AI）及其相关产业，市场方兴未艾，成长空间较大。

制造 制造产品	零售业 / 物流 出售、运输商品	服务 出售无形的产品
基础设施 提供铁路、航空、电力、 燃气等社会基础设施	软件、硬件及信息 处理 赋予信息、技术以附加价值	贸易 调配物品、通过中 介行为获取利益
银行、证券、保险 （金融业） 盘活资金获取利益	信息（广告、通信、 媒体） 为民众提供信息获取利益	政府机关 国家和地方政府 提供的服务

按服务对象分为

个人　B to C	企业　B to B	个人与企业 B to B to C

按发展阶段分为

黎明期 环境	成长期 互联网，福利 和陪护	成熟期 家电、汽车	停滞期 停滞期

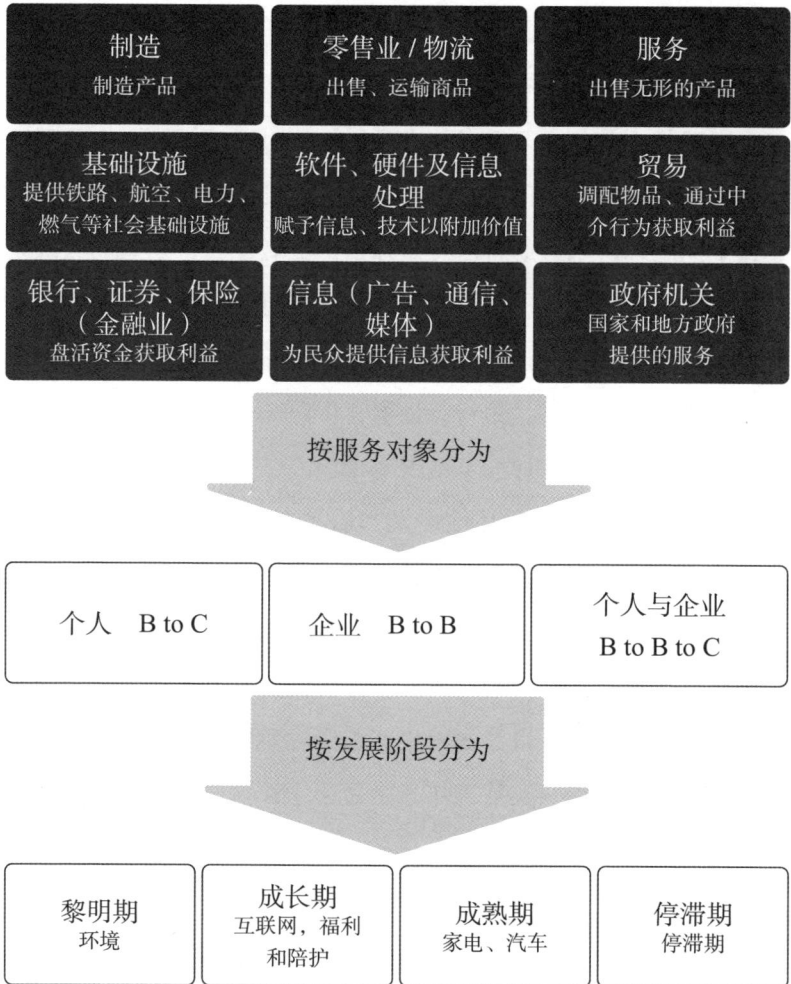

图1-1　日本的9个行业

1.2　结合 12 种价值取向，从 15 类职位中做出选择

大致了解行业分类后，我们再来具体了解日本的企业。对一个企业来讲，能为社会创造和提供什么样的价值是其存在的基石。企业无论大小，都是在通过某一项事业为社会提供某种价值。因此，对求职者来说，当自己所要提供给社会的价值能够与自己找的工作单位对社会实际所提供的价值相吻合时，就会调动起不竭的工作动力和积极性，会觉得工作十分有意义。

这里所说的价值大致包括 12 种，即放心、安全、环境、方便、娱乐、心灵慰藉、培育、身心舒适、互联互通、健康、美、传播。大家可以从中选出适合自己的 5 种做排序，再去寻找与此有关联的企业。（见图 1-2）当然，企业所提供的价值往往不是单一的。比如：制造汽车零件的厂家为社会所提供的价值就包括制动装置所代表的安全，轮胎所代表的环境，发动机所代表的方便及放心，等等。

求职者大致确定了目标公司企业后，再去考虑适合自己的具体工作职位。企业里的工作职位大致有 15 类，包括营销、规划管理、事务 / 助管、销售服务、专业性职位（咨询公司、各专业事务所监察法人）、金融类专业性职位（外汇交易员、证券分析员、投资顾问等）、公务员 / 教员及农林水产相关职位、技术类职位（基础设施工程师、机械电气、嵌入式软件等 6 类）、医疗专业技术职位、研发创新职位等。（见图 1-3）

放心	娱乐	互联互通
安全	心灵慰藉	健康
环境	培育	美
方便	身心舒适	传播

> 大家可以从中选出适合自己的 5 种做排序，再去寻找与其相关的企业

图1-2　为社会提供的12种价值

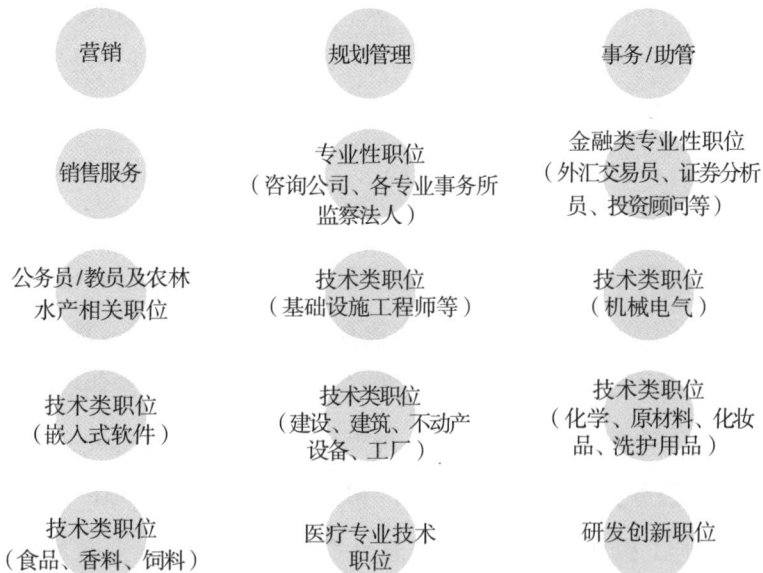

营销	规划管理	事务/助管
销售服务	专业性职位（咨询公司、各专业事务所监察法人）	金融类专业性职位（外汇交易员、证券分析员、投资顾问等）
公务员/教员及农林水产相关职位	技术类职位（基础设施工程师等）	技术类职位（机械电气）
技术类职位（嵌入式软件）	技术类职位（建设、建筑、不动产设备、工厂）	技术类职位（化学、原材料、化妆品、洗护用品）
技术类职位（食品、香料、饲料）	医疗专业技术职位	研发创新职位

图1-3　15类职位

1.3 校招注重个人性格和基本素质

日企招聘的主要途径是校招，即应届毕业生集体招聘。其步骤是，针对应届毕业生在一段时间内发布招聘信息、召开就业招聘会，选定目标学生进行面试，签订就业协议，待学生毕业后直接入职。多数学生缺乏社会经验，招聘人员多依据求职学生在学校的学习情况，以及在社团活动中的表现情况进行初步筛选，对学生入职后所能承担的工作做出预判后，决定是否录用。

一般来讲，日企招聘并不十分拘泥于求职者的学历，招聘时注重考察求职者的性格及基本素质、克服困难的勇气和办法、在团队合作中的作用等方面。在面试时，求职者被询问最多的是有关品性方面的问题。比如：你的性格比较适合做什么？你是怎样克服困难的？你在团队中的作用是什么？

注重人的性格而轻视技能的做法其背后隐含着日企强烈的培育新人的意识。新员工的入职培训一般会围绕一些理念性的问题展开。培育新人的根本目的在于从思想上、行动上培养适合自己单位的理念、具备相关技能且符合公司长远发展要求的人员。这一点在校招方面表现得尤为突出。但如果是社招（社会化招聘），则更注重技能的考查，主要目的是满足某个职位的急需。（见图 1-4）

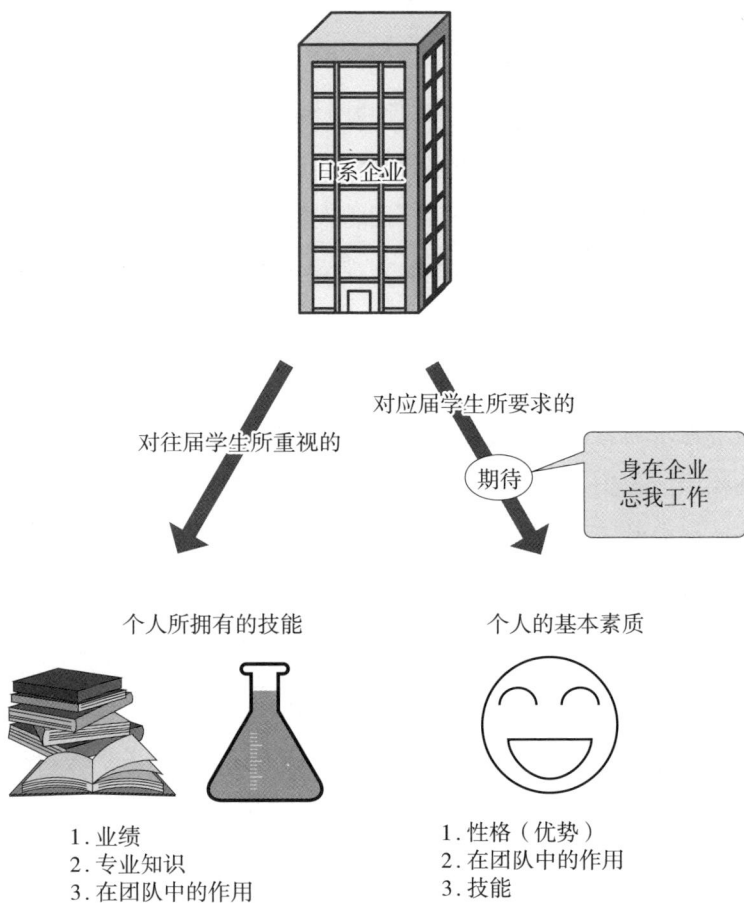

日系企业

对往届学生所重视的

对应届学生所要求的

期待　身在企业
忘我工作

个人所拥有的技能

个人的基本素质

1.业绩
2.专业知识
3.在团队中的作用

1.性格（优势）
2.在团队中的作用
3.技能

图1-4　日企重视人的基本素质

1.4　服从用人单位的招聘安排

招聘的步骤大致如下：召开就业招聘会，设定报名期限，举行面试，通知结果。关于招聘步骤，各单位都有十分明确的具体规定，求职者应制订符合规定时间和项目的日程，不能轻视规定，拖延时间，以免影响求职效率，对自己不利。

在日本，求职者一般从大学三年级开始着手调查意向单位，做客观理性的自我分析，通过自我分析总结出自己的强项（优势）。有些人还会积极开展相关的实习活动。求职时，努力遵照招聘单位制订的时间表和具体要求去做。四年级学年过半时，签订就业协议。在这段时间里，求职者会时刻关注求职网站。（见图 1-5）日本一些大型的求职网站汇集了绝大多数企事业单位的招聘信息，这些网站会提供十分周到的服务，比如：辅导撰写应聘材料，传授面试技巧，等等。

当然，求职者也会因故撤销协议约定。企业也会设置秋季招聘来填补人员的缺口。

日本	国外
	大学三年级

时间	日本	国外
7月		大学三年级
8月		
9月		大学四年级
10月	大学三年级	
11月		
12月		
1月		
2月		
3月		
4月		
5月	大学四年级	
6月		
7月		
8月		
9月		

信息搜集
企业实习
自我分析

招聘会
报名

面试

内签

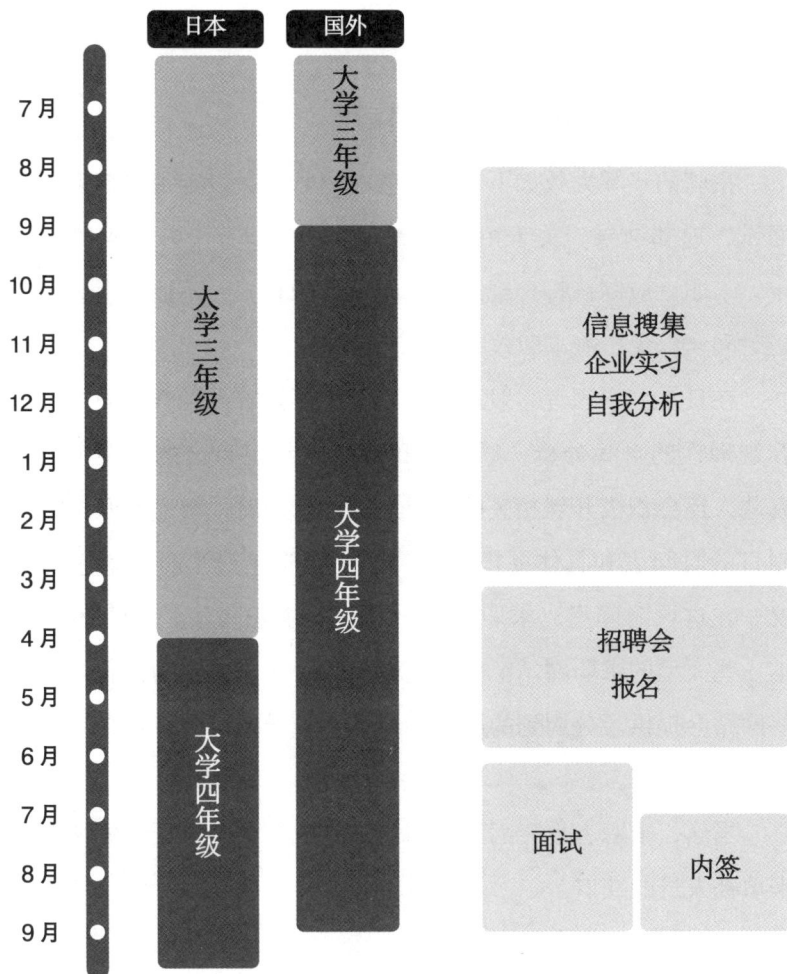

※日本学校及企业的新年度开始于4月，日程安排因个人及企业而异

图1-5 毕业找工作时的具体日程安排

1.5 招聘单位的要求是求职者的努力方向

前些年日本经济增长迅速，用人单位招聘时，主要看求职学生有无干劲，只要干劲足就招。这些年，选人、用人的标准有所变化，更看重一个人适应社会生活的基本能力。其深层次的原因是用人单位的选人标准与日本大学所培养的人才之间出现了偏差。不少企业对于大学人才培养严重脱离实际的做法提出了意见和要求，希望大学的人才培养要关注将来在企业工作时的具体要求，倡导人才培养的目标是获取将来能够在职场及区域社会中与共同体成员协调一致、攻坚克难的基本能力。

这个"共同体成员基本能力"主要由3个方面构成，即面对挑战的行动力、思考能力和团队合作能力。具体的能力要素包含12个方面，求职者可以根据这些具体的能力要素撰写自己的求职文件，准备面试。（见图1-6）

面对挑战的行动力

· 主体性
· 作用力
· 实践能力

团队合作能力

· 传播能力
· 倾听能力
· 灵活度
· 信息分析能力
· 组织纪律性
· 掌控压力的能力

思考能力

· 开发课题能力
· 规划能力
· 想象力

图1-6　3个基本能力与12个能力要素

1.6　会话沟通能力重于日语能力考试成绩

招聘时，日企十分注重考察求职者的沟通交流能力，这也是面试的重点。面试语言除特殊情况外，均使用日语。

考察求职者的语言能力时，首先会参考日语能力考试的成绩，但不单纯看分数的高低，而是主要看求职者实际运用日语进行沟通的能力。求职者如果不能正确有效地运用日语进行沟通交流，日语能力考试 N1、N2 的分数再高，也很难被录用。相反，如果运用日语沟通交流的能力强，会被认为具备较高的工作技能而获得录用。

招聘人员在评判一个学生时也存在一些倾向性。他们会认为善于表达的学生的沟通能力会比木讷寡言的学生强。因此，求职者应该重视这一问题，平时要做相应的准备，多做一些训练，提高表达能力。（见图 1-7）

日语运用能力强对面试十分有利。面试时，用人单位主要看求职者在沟通交流时能否积极主动、态度认真，以及交流的意愿是否强烈等方面。即使求职者的日语表达略显逊色，只要能表现出执着不懈的沟通意愿，也足以打动招聘人员，这是迈向成功的第一步。毕竟，无论做什么，具有不屈不挠的坚定意志是战胜困难的法宝，是走向成功的关键。

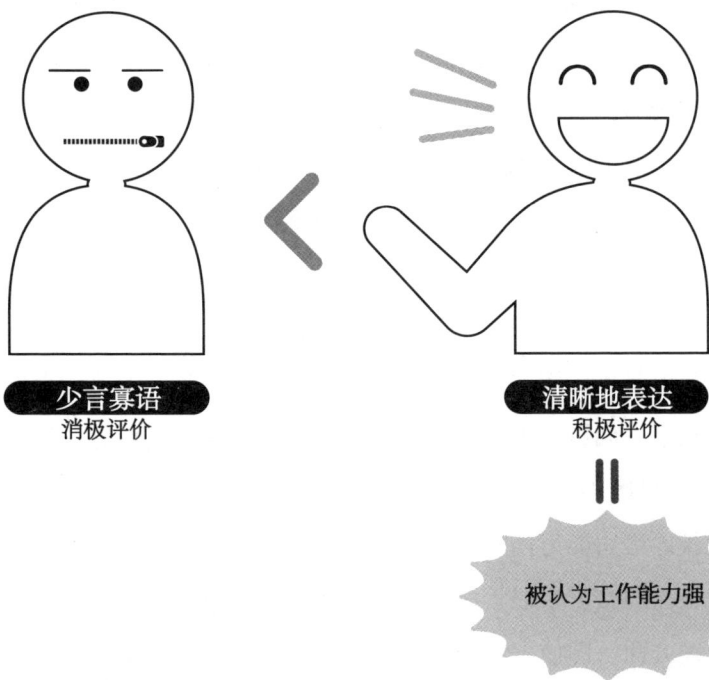

少言寡语
消极评价

清晰地表达
积极评价

被认为工作能力强

图1-7　对说话方式和会话能力的认识

1.7　日企的根本制度

日企的特点可被归纳成以下两点：终生雇佣、工作年限累计薪金制。（见图1-8）前者顾名思义是指雇佣正式员工直到其退休的制度；后者是职级和薪酬制度，指随工龄涨薪酬、调高职级。在日本，频繁地调动工作（跳槽）难以得到社会足够的认可，在一个单位里坚持工作则被视为一种美德。

这一劳动制度也体现出用人单位对职工的一种关怀和体恤。它意味着单位告诉自己的职工要安心工作，无须有后顾之忧。20岁、30岁拼命扛，40岁、50岁酬金涨。在这个用人制度下，职工的工资和个人的人生进程在时间上基本吻合，子女的养育和教育问题可以得到较好的保障，工作生活安定。

日本的这一体恤性的劳动制度并非始于现代意义的公司制度，而是有着历史传统。在日本历史上，就有类似的经营理念。比如：现在的日本滋贺县所谓的近江商人，就以倡导"三方受益"的经营理念而得名。所谓三方，是指买方、卖方和社会。这一理念着力构建三方受益的和谐关系。日本社会也得益于这样的经营理念的普及和深入人心，日本有许多长寿企业，有3万多家企业的历史都在百年以上，有7家企业的历史有1000多年。这种劳动制度利于育人、利于技术的传承，也利于组织的存续。

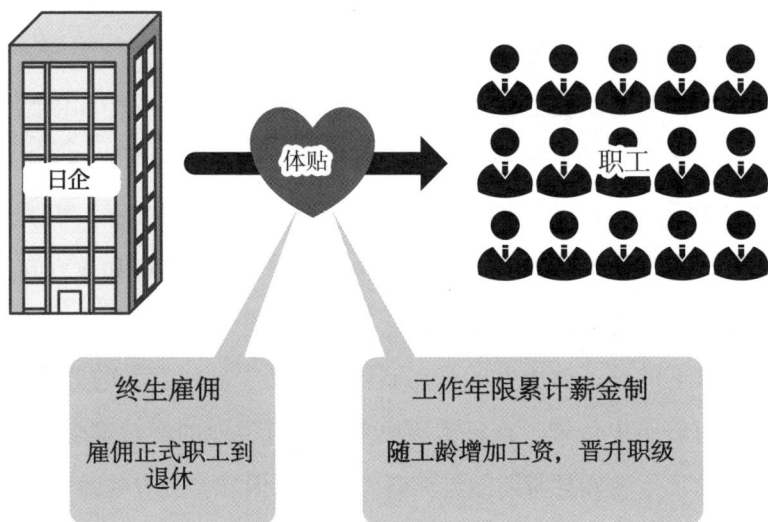

图1-8 终生雇佣和工作年限累计薪金制

1.8 加深对大企业和中小企业的理解

　　求职者在考虑就业时，首先会想到应聘大企业。日本的大企业从业人员的数量占总从业人数的 30%，但大企业的数量仅占企业总数量的 0.3%。由此可见，绝大多数为资金实力较弱、人员数量较少的中小企业。

　　这里我们分析一下大企业和中小企业的不同。大企业具有以下几点优势：企业声望高，人力资源丰富便于构筑关系网络，承担大规模预算项目的能力强，福利待遇优越，等等。中小企业的优势表现在裁量权更大一些，员工所承担的业务较多，因而可以得到更多技能的积累，责任重因而会感到更有存在价值，意见和建议会得到充分尊重，等等。

　　两者各具优势。打个比方，即大企业建大桥，分工细致，个体员工所承担的工作量少，专业性要求强；而中小企业建小桥，个体员工所承担的工作范围大，量也就多。（见图 1-9）求职者了解了这一点，再去考虑自己更适合在什么样的公司企业环境中生存和发展，不要盲目追求规模和名气。

中小企业

- 项目规模不大
- 可以参与项目中的多个工作

⬇

掌握各种技能

大企业

- 开展大项目
- 参与大项目中的一小部分工作

⬇

掌握专业技能

图1-9　大企业和中小企业的区别

1.9 了解目标日企，把握好用人单位与自己的匹配度

谈到求职，给人的印象往往是用人单位挑选求职者，求职者要做好准备向用人单位宣传自己。但求职者也不应该忘记，求职活动也是自己审视用人单位的一次机会。在做好自我分析的同时，要仔细了解和分析对方，做到双方的意愿基本保持一致。

对一个公司的了解和分析仅仅依靠公开的纸面资料还远远不够，更好的办法是参加其举办的招聘会，主动参加相关的实习活动，或者与意向公司的员工直接接触了解情况。通过这些活动，求职者要着重了解以下几个方面的问题：①经营理念和发展方向；②风气是否适合自己；③入职后的发展前景；④员工的福利待遇的落实情况和有关政策。（见图1-10）具体来看，如果经营理念和发展方向与自己的价值观不吻合，自己想做的事就难以得到满足，技能也难以得到施展。风气具体是指职场内的气氛。求职者要观察和了解企业办事情、做决定时是否果断，是否能够认真听取各种不同的意见，员工的思想和行为方式是否适合自己，等等。还有就是要考虑入职后员工熟悉适应和掌握工作技能大约需要几年的时间，在这种情况下得到提拔和重用的机会如何，以及这一过程与自己的职业规划之间的关系等。对于能落实福利待遇的规定但忽视强调经营目标和未来发展方向的公司，求职者也应该打个问号。求职者不要被憧憬和向往所迷惑，审视意向公司要客观理性。

✕ 公司企业挑选应聘学生

公司

求职者

○ 公司企业挑选应聘学生
+
应聘学生审视意向公司

公司

求职者

公司的理念和发展方向如何？

公司的风气、职员的行为如何？

入职后，自己将来会如何？

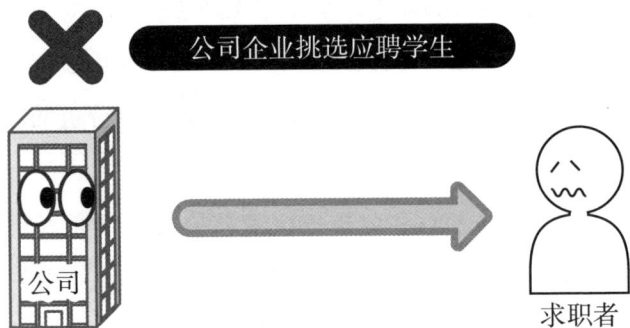

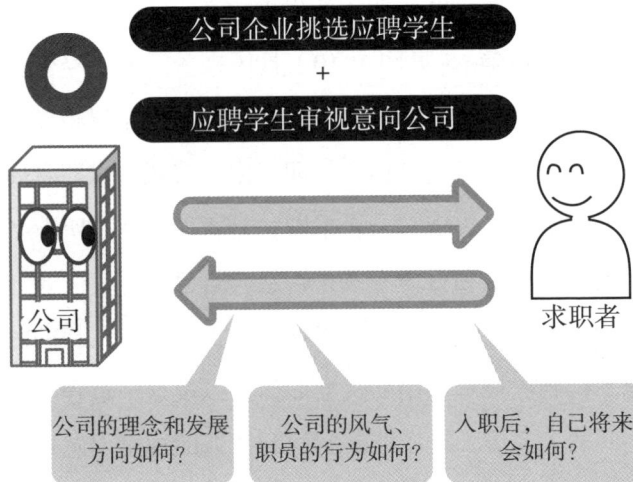

图1-10 公司与求职者的双向选择

1.10 注重任劳任怨式的经验积累

前面谈到，日企在选育员工时注重从头开始，这也是日企的特点。应届毕业生集体录用就是选育员工的具体表现。对于没有任何实际工作经验的应届毕业生，即使所学专业与职位不吻合，用人单位也会不惜支付薪酬，不懈地进行教育和培养。在这种体制下，在某一时期，新入职的员工所承担的工作有时会不符合自己的意愿，甚至会与自己的意愿大相径庭。但即使是这样，各种脏活、累活、杂活也要抢着干，要学会踏踏实实地干，做老实人。这种情况在日本被称作任劳任怨式的经验积累（「下積み」），是新入职员工成长的必由之路。

例如，一个公司既做商品研发又做店面销售。一个在大学学习市场营销的人会请求公司安排自己做市场营销，但在日企，这种可能性微乎其微。所谓从头做起，就是先安排新入职的员工去店面做销售，从补货、订货、接待顾客开始做。要做好市场营销，先要深入实际，全面了解公司的产品信息、顾客的实际需要，这些都要从实际工作中获得切身的感受和经验，而不是从别人那里打听。（见图 1-11）

即使应时所需，被安排到志愿岗位，在一段时期内也只能辅助相关负责人做一些杂务。这就是前面提到的那种"积累"。

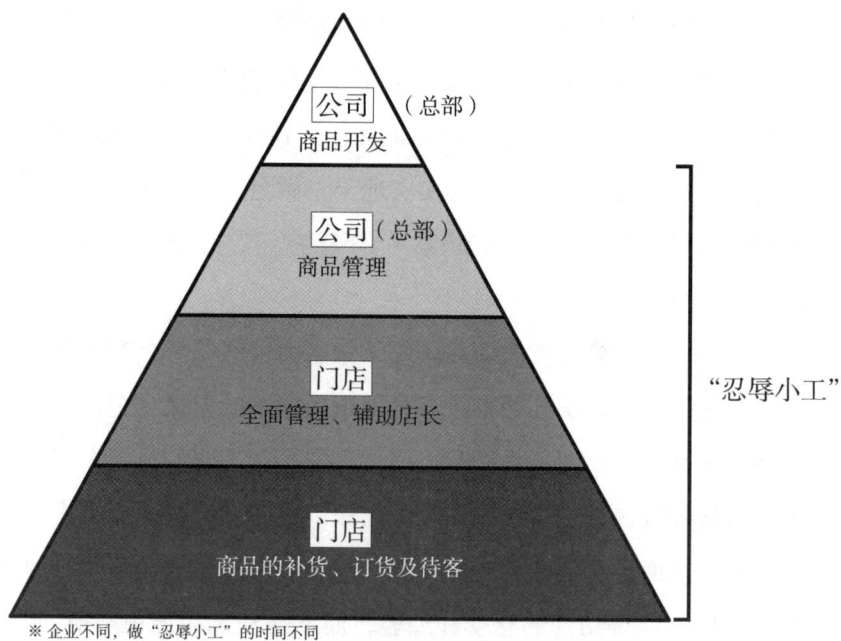

图1-11 从"忍辱小工"到公司总部的商品开发

※ 企业不同，做"忍辱小工"的时间不同

公司（总部）
商品开发

公司（总部）
商品管理

门店
全面管理、辅助店长

门店
商品的补货、订货及待客

"忍辱小工"

1.11　请示报告很重要

日本人做事比较刻板，在时间观念上也是这样。在商务活动中，突出表现在死守业务活动、会议、商谈的开始时间。如果不按规定时间到场，会极大地损害自己在职场和有关人员心中的形象。即使迟到片刻，如果不诚挚地道歉，也会失去别人对自己的信任，甚至会被视为缺乏必要的工作能力。

日本人的守时，也有其不可思议的地方。日本人只死板地遵守开始时间，但对于一切业务活动的结束时间，似乎并不在乎。只要工作没结束，即使到了规定的结束时间，也不能表现出急于结束的样子，否则会被视为轻视自己的工作。如果有特殊原因需要按时退场时，要向上级负责人打招呼。但要注意的是，打招呼要在所参与的事情开始之前，而不是在工作的结束时间之前。（见图 1-12）

日本人的时间观念严格

虽说，实际上……

开始时间 → 严守

严格遵守上班和会议的开始时间，迟到 5 分钟也不允许

结束时间 → 松散

下班不守时，会议等结束不守时。工作和讨论不告一段落不能离席。擅自离席会被看成对工作不负责任

图1-12 时间要求严格

1.12 时刻体察他人的感受很重要

日企注重员工的沟通交流能力。这个能力不仅仅是指一个人的会话能力，还指了解人及事物的本质的观察能力和洞察能力。所谓观察能力，是指注意去看能够看得到的一切事物的能力。所谓洞察能力，则是指推测看不到的东西的能力。结合人际关系来看，这两种能力都是必备的。日本人习惯洞察对方，通过推断将所思所想作用于沟通和交流，所以极易通过发挥自己的想象力与他人交往。（见图1-13）

有个例子能够说明日本注重洞察能力的培养。日本某所大学的橄榄球队实力强悍，蝉联过全国冠军。队员们介绍说队里有一个独特的训练方法，就是强调队员平时要养成捡拾垃圾的习惯。学校里的垃圾、比赛结束后赛场上的垃圾，他们都会主动去捡拾。因此，比赛结束后的赛场会被他们打扫、收拾得十分整洁干净。队员通过捡拾平时注意不到的不起眼的垃圾，培养自己的洞察能力，继而在比赛中发挥、应用，这对提升球队实力具有积极意义。

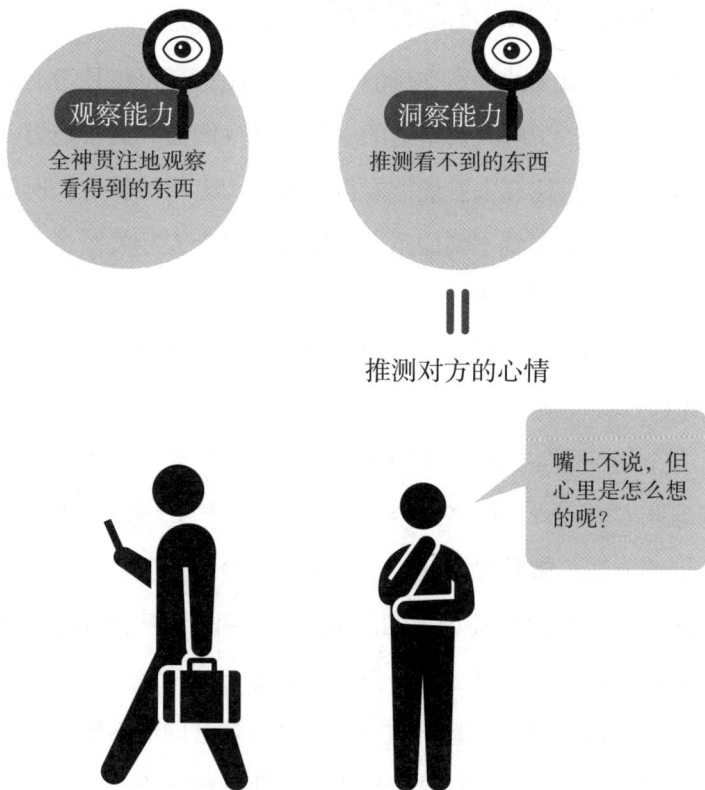

图1-13 发挥洞察力推测对方的所思所想

1.13 日本人习惯于回避不确定性

日企的特点也就是日本人的特性。日本特殊的民族特质有些难以适应国际化、全球化。为此，日本的各个阶层也在试图积极地调整和改变，但对长期浸润在其中的日本人来说，有些习惯是很难改变的。

从外部看日本或许对理解日本的文化特质更有帮助。吉尔特·霍夫斯泰德博士是荷兰著名的跨文化交际战略专家，他曾对美国、荷兰、德国、日本、越南、韩国及俄罗斯等国的文化特质做过细致的分析。在"回避不确定性"这一指标里，日本的数值最高。其研究结果显示，以下这 3 项最能反映日本人的特质，分别是"求精确""求安心""过度担心"。由此可以看出，日本人的民族性格里有回避风险、追求高品质的特点。其中一些特质也容易导致日本人在行为方式和思维方式上陷入"满足于不失败、不失误""不积极主动挑战""过度思量和担心结果"的不利境地。（见图 1-14）

过度惧怕失败会导致应对风险时过度思量，遇事难以迅速做出决断。一些外国企业恰恰相反，它们不惧失败，即使有风险也敢于挑战和尝试，所以日企在与国外的企业竞争中往往由于过度思量、过度惧怕失败而丧失一些机会。也正因为如此，日企也期待外籍员工所具有的那种乐于在失败中享受成功的精神和工作态度能够改变自己。

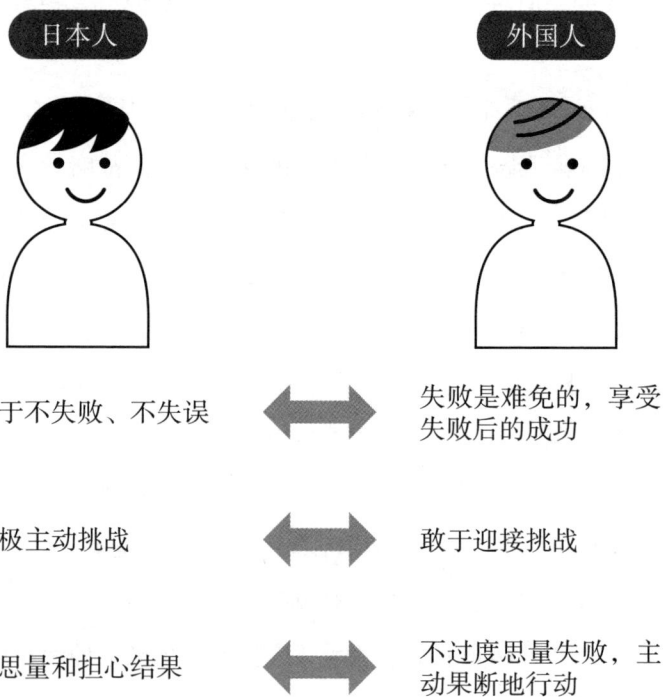

日本人		外国人
满足于不失败、不失误	⬌	失败是难免的，享受失败后的成功
不积极主动挑战	⬌	敢于迎接挑战
过度思量和担心结果	⬌	不过度思量失败，主动果断地行动

图1-14　日本人和外国人在行为方式和思维方式上的不同

1.14　雇佣外籍员工时日企的期待与不安

这里我们把目光转向招聘单位。日企招聘外籍员工对自身的发展是有利的，因此，它们十分期待外籍员工在企业里能发挥更积极的作用。

截止到 2019 年 2 月 1 日，日本的总人口是 1.26 亿，人口数量位于世界第十，其中，40 岁以上的人口数量居多。结合商务因素看，就相当于一个公司里高龄职员较多，而年轻职员较少，职场气氛容易固化，缺乏开拓创新意识。因此，对于日企来讲，亟待通过雇佣外籍年轻员工，把一些可贵的新思想、新观念、新价值融入工作中，打破一些僵化的体制机制，以利于事业的发展和开拓创新。

对于雇佣外籍员工，日企也有自己的担心，主要是担心外籍员工因无法适应日本特殊的社会文化环境而轻易辞职。（见图 1–15）在国外的企业里，年轻人备受重视的例子并不鲜见，但日企慢工细活式的育人方式往往不利于年轻人在较短的时间里得到重用，在有些人眼里，这样做不利于年轻人迅速成长。这一点，企业越大越明显。所以说，用人单位和求职者双方期待和担心各自有之。

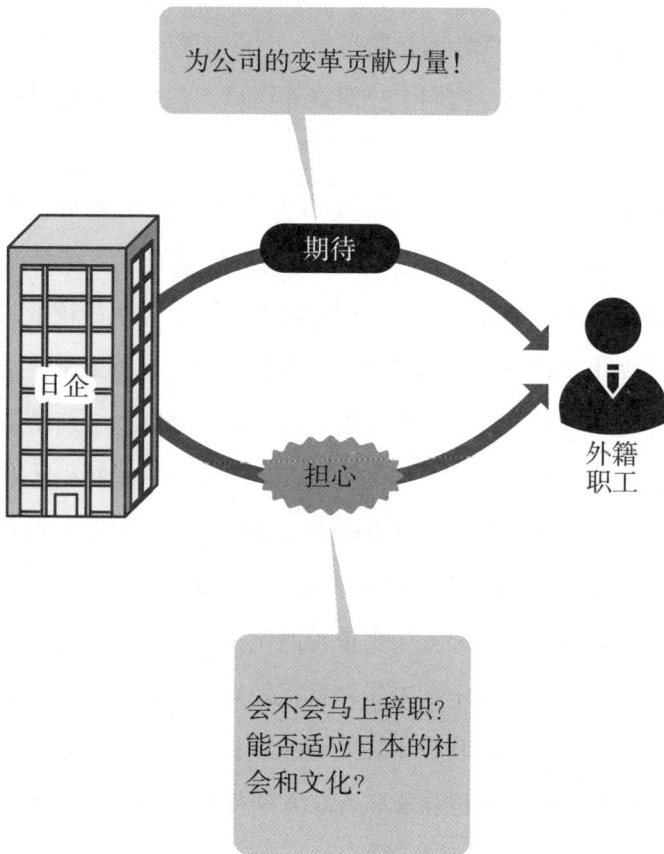

为公司的变革贡献力量！

期待

日企

担心

外籍
职工

会不会马上辞职？
能否适应日本的社
会和文化？

图1-15　日企对外籍职工的期待和担心

1.15 职场中要注意与同事保持步调一致

日本职场中的交际也有其独特的方式，这也是日本人日常交流的惯用方式。说白了就是要学会"察言观色"，在与相关人员的交流中注重听他人言、观他人色，时刻察觉由此而生的周围情况和气氛的变化。如果场面呈现积极向上的态势，所有相关的个人就要积极附和推进；相反，则各自把控自己的言行，不能强行逆势而动。（见图 1-16）

举个例子。在开讨论会时，与会人员会各抒己见。如果在各方通过讨论后意见逐步形成时，突然有人又提出一个不同意见或建议，那么在这种情况下，这个意见或建议本身即使再好，往往也不被看好。因为它很可能会导致之前的工作变成"无用功"。这不符合前面所说的日本人的交际习惯，就好比在一切向好时被断了气运。在这种情况下提意见和建议的人在日企里往往会被当作不明事理的人，不受待见。日本人注重抱团取暖，讲求一团和气，以圆场行事为上，该说的话要注重适宜的场合，否则就会被看作不成事而败事。日本人不善于各抒己见式的集体讨论，但在国外的企业中，类似事情就会有不同的结局，相反会被看成一种才智贡献而加以赞赏。

职场气氛

通过会话和表情而形成的气氛

图1-16　身临职场要注意留意周围的气氛

2.1 正确认识"企业所需要的能力"

关于日企对于学生能力的要求，有一组有趣的数据。这是2009年日本经济产业省针对学生及企业进行的"大学生对于'踏入社会'的态度及'工作所需基本素质与能力'认知度提升的调查"。

调查结果显示（见图2-1）：对于"踏入社会大展身手所必需的能力要素"一问，回答"性格人品（开朗、诚实等）""人际交往能力"者所占比例极高，学生与企业之间并无很大差别。而对于"自主能动性""基本常识"等要素，相较于学生，企业则更为重视。

在"个人（学生）认为已掌握的能力要素"中，双方在"韧劲""团队协调能力""商务礼仪"等项目上分歧较大，企业所要求的水准远超学生所想，其中"商务礼仪"一项的差异尤为明显。

在"个人（学生）认为有所欠缺的能力要素"中，企业认为"自主能动性""韧劲""人际交往能力"等要素比较重要；而学生的回答则多集中在"外语能力（托业考试等）""行业专业知识"等方面。

综上所述，不难看出，学生认为的企业所要求的能力与企业实际希望学生具备的能力之间分歧显著。学生自感"外语能力（托业考试等）"等技巧能力方面有所欠缺，而企业则认为学生在"人际交往能力""自主能动性"等内在能力要素方面存在不足。

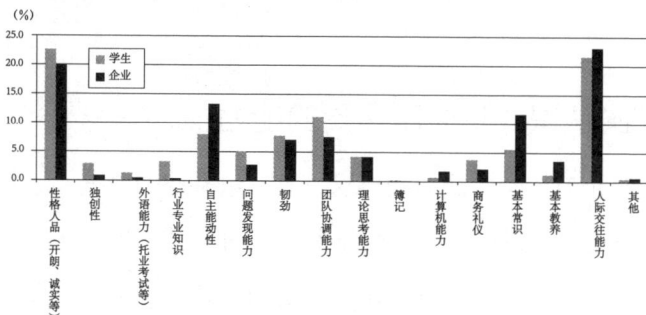

踏入社会大展身手所必需的能力要素

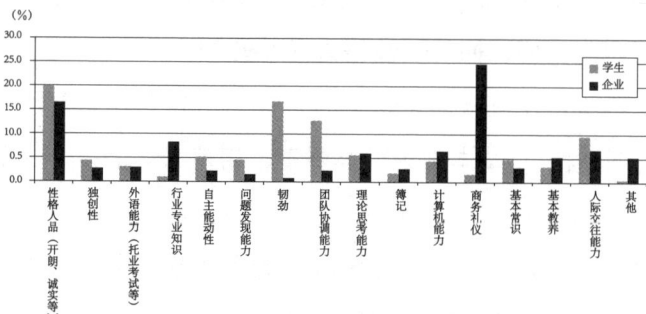

个人（学生）认为已掌握的能力要素

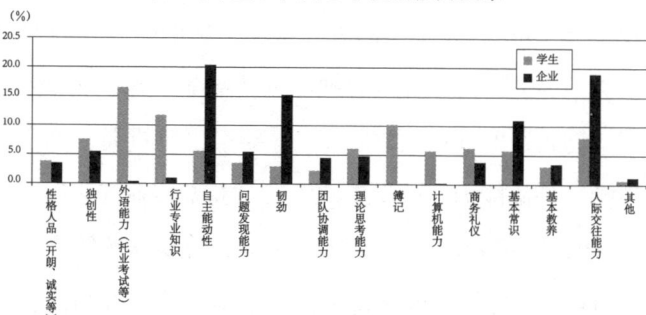

个人（学生）认为有所欠缺的能力要素

引自：大学生对于"踏入社会"的态度及"工作所需基本素质与能力"认知度提升的调查（经济产业省）

图2-1　企业所要求的能力与学生自认拥有的能力

2.2　成人之后性格适应能力亦可大幅提升

本书第 1 章曾指出日企招聘时注重一个人的"个人性格"及基本素质。个人性格是左右人生的因素之一，或许不少人都认为这是"无法改变的"。但是，在《性格适应能力——决定人生的五大能力》（鹤光太郎著，祥传社 2008 年版）一书中有这样一段论述（见图 2-2）：

诺贝尔经济学奖得主美国芝加哥大学教授詹姆斯·赫克曼的研究表明，人生的成功不仅依靠学习能力、学习成绩等表现出来的认知能力（"头脑聪明"等借由测试分数可评价的能力），还与非认知能力（可称为"性格之力"的性格适应能力）有关。心理学认为，性格由开放性、认真度、外向性、协调性及精神安定性 5 种因素相互组合而成。其中，包含贯彻能力的认真度能对人生产生极大影响且决定工作成就高低，重要性尤为突出。此外，性格适应能力在成人之后亦可大幅提升，赫克曼强调：性格适应能力越高越易于认知技能的提升，反之则不明显。漫长的人生之中，外向性（积极性）、认真度、精神安定性、协调性可持续提升，而开放性与外向性（社交性）在 20 岁之前呈上升趋势，之后逐渐下降。

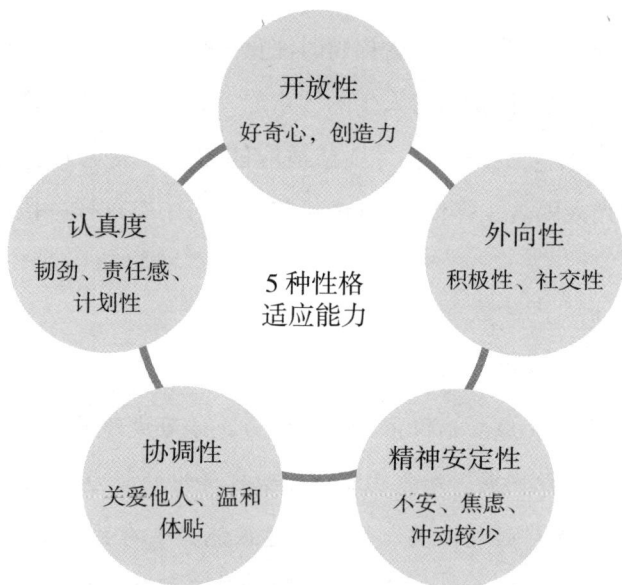

图2-2　性格适应能力及其特征

2.3 性格的9种类型

在应聘报名表或面试中，有一个可以说必被问到的问题——"你是何种性格？"。有的外国人了解自己的性格，也能用母语很好地回答，但不知如何用日语进行表述。下面以美国等国家常用的"九型人格"性格分类法为例，介绍一下其日文表述。

"九型人格学"是有2000多年悠久历史的人类学研究领域，它将人类的本质特征划分为9种类型。具体而言，即"完美型"（怀抱"必须成为这样"的理想，追求完美）、"奉献型"（胸怀大爱，乐于助人）、"成就型"（有强烈的竞争意识和进步要求，能够朝着目标努力奋斗）、"艺术型"（多愁善感，关爱他人，善于鼓励）、"学者型"（在自己喜欢的领域独自钻研，追求极致，具有匠人气质）、"稳健型"（脚踏实地，感情稳定）、"乐天型"（追求快乐，有强烈的好奇心和丰富的想象力）、"领袖型"（意志坚强，果断果敢，喜欢被人追随）、"和平型"（追求和平与和谐，性格温和，以自我节奏行事）。

你是哪种类型呢？表2-1是每种类型的中文表述汇总，敬请参考。

表2-1　9种性格类型与中文表述

9种性格	中文表述
完美型（怀抱"必须成为这样"的理想，追求完美）	面对理想努力奋斗，有战胜自己的意志（克己心）
奉献型（胸怀大爱，乐于助人）	胸怀宽广，待人温和，适应能力强，思维灵活
成就型（有强烈的竞争意识和进步要求，能够朝着目标努力奋斗）	自理能力、行动能力强，爱学习，擅长团队合作
艺术型（多愁善感，关爱他人，善于鼓励）	感受丰富，洞察敏锐，善创造，爱浪漫，有品位
学者型（在自己喜欢的领域独自钻研，追求极致，具有匠人气质）	分析能力出色，头脑聪明，冷静沉着，坚持自己的信念
稳健型（脚踏实地，感情稳定）	善良仁慈，诚实忠实，富有责任心
乐天型（追求快乐，有强烈的好奇心和丰富的想象力）	想象力丰富，好奇心强，不畏困难，乐观向上
领袖型（意志坚强，果断果敢，喜欢被人追随）	关照他人，独立能力强，勇敢果断，具有领导能力
和平型（追求和平与和谐，性格温和，以自我节奏行事）	宽容、平和、有耐心，注重和谐，不粉饰自己，追求自然，不以偏见待人

2.4 "12项胜任力"自我检测

2.1节介绍了日企所要求的能力，接下来再看看活跃于各行各业的人实际所拥有的能力——胜任力。所谓胜任力，是指以"工作所需基本素质与能力"12项要素为基础，更为细化、更具指向性的12种能力。按照顺序分别为：积极主动投入工作的"行动力"，推动并影响他人的"影响力"，设定目标、明确行动的"执行力"，把握现状、明确动机与问题所在的"问题发现能力"，确定解决问题的方法并实施准备的"计划力"，创造新价值的"创新力"，清晰传达个人意见的"表达能力"，认真倾听他人意见的"倾听能力"，理解不同立场、不同意见的"灵活应对能力"，理解自己与周围人、事关系的"状况把握能力"，遵守社会规则及与他人约定的"自律能力"，有效应对压力的"压力管理能力"。（见图2-3）

你具备哪项胜任力呢？请参照本书附录1和附录2来判断自己是否具备这些能力及程度如何。若对于其中的某些能力掌握良好，这些能力将是你的一大优势。面试或填写应聘报名表时，请务必充分展示。若目前能力尚有不足亦不必沮丧，胜任力有极大提升空间，请踏踏实实继续努力。

行动力	影响力	执行力
积极主动投入工作的能力	推动并影响他人的能力	设定目标、明确行动的能力
问题发现能力	计划力	创新力
把握现状、明确动机与问题所在的能力	确定解决问题的方法并实施准备的能力	创造新价值的能力
表达能力	倾听能力	灵活应对能力
清晰传达个人意见的能力	认真倾听他人意见的能力	理解不同立场、不同意见的能力
状况把握能力	自律能力	压力管理能力
理解自己与周围人、事关系的能力	遵守社会规则及与他人约定的能力	有效应对压力的能力

图2-3　12项胜任力

2.5 提升能力必先确认"轻视他者11条"

如前所述,"性格适应能力可以提升",作为提升路上的障碍,"轻视他者"是其中之一。所谓"轻视他者",字如其意,即"蔑视、轻视他人"的一种态度。

关于轻视他人的态度,表现不一而足。就日常交流而言,主要表现为:对他人的发言不屑一顾,觉得"此人所言没什么了不起";片面、武断地对他人及他人的意见进行褒贬,乱下结论——"这个好""那个坏";凡此种种。如此一来,贬低对方价值,不努力从他人身上获取相关知识,自然也就无法期待自身得到成长。但有能力者必然不随意区分、贬低他人,会努力向所有人学习。

下面不妨就来测试一下你的妨碍个人成长的"轻视他者"程度。图2-4借用的是心理学家、名古屋大学教授速水敏彦的"轻视他者"测评表。得分越高说明轻视他人的程度越高,得分越低表示轻视他人的程度越低。若程度较低,保持现状即可;若程度较高,应做出改变,保持谦虚谨慎的态度。谨记:凡人凡事皆可为师,不以此为然者皆因自身无能力也。

评分标准	1：不符　2：略微不符　3：都不是　4：略微符合　5：符合

①身边人反应迟钝，没眼色

1 · 2 · 3 · 4 · 5

②对他人处理工作的方式不满意

1 · 2 · 3 · 4 · 5

③感觉讨论时做无用发言者过多

1 · 2 · 3 · 4 · 5

④无知识、无教养却自以为是者太多

1 · 2 · 3 · 4 · 5

⑤不知他人为何连如此简单之事都不懂

1 · 2 · 3 · 4 · 5

⑥周围少有能够取代自己、担当重任的有能力者

1 · 2 · 3 · 4 · 5

⑦常感觉他人"无用"

1 · 2 · 3 · 4 · 5

⑧当自己的意见得不到认可时，认为是他人理解能力欠缺

1 · 2 · 3 · 4 · 5

⑨认为现在推动和改变社会发展的大多数人都是庸常之辈

1 · 2 · 3 · 4 · 5

⑩世上缺乏常识者太多

1 · 2 · 3 · 4 · 5

结果	请将所选数字相加得出总分。 25分以下：正常 / 26—34分：平均值 / 35分以上：需注意

图2-4　轻视他者11条

2.6　人的行为皆缘于6项需求

若要提高交流沟通能力，必须事先了解——"人为何而行动"。自我激励大师、美国前总统安东尼·罗宾指出，人之行动理由，归根结底缘于6项需求。人基于这些需求做出"做"与"不做"的决定并得以生存。

按序列举，这6项需求分别为"安定感（确定感）"（希望按照目前状况继续生活、工作的需求）、"变化、自由（不安定感、不确定感）"（希望体验不同事物的需求）、"自我重要感（特别感）"（希望自己与众不同的需求）、"纽带感"（希望与周围融为一体、被他人喜爱的需求）、"成长"（提升自我的需求）、"贡献"（为他人服务，帮助他人的需求）。（见图2-5）

通常认为，每个人持有其中的两大需求。为此，与人交往之际，会同时思考"自己有何种需求""对方有何种需求"，为满足对方需求而付诸行动时，双方的理解便得以加深。

此外，选择企业时此6项需求同样适用。例如，重视"特别感"的人更适合进入中小企业，因为他们更希望被人说："这项工作全交给你一个人了。"

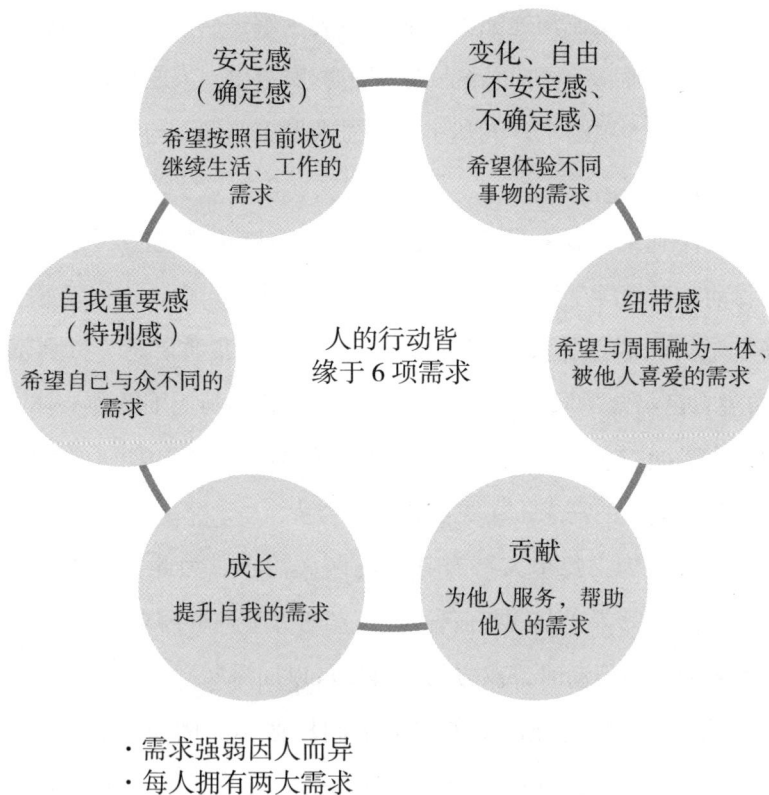

安定感
（确定感）

希望按照目前状况
继续生活、工作的
需求

变化、自由
（不安定感、
不确定感）

希望体验不同
事物的需求

自我重要感
（特别感）

希望自己与众不同的
需求

人的行动皆
缘于 6 项需求

纽带感

希望与周围融为一体、
被他人喜爱的需求

成长

提升自我的需求

贡献

为他人服务，帮助
他人的需求

· 需求强弱因人而异
· 每人拥有两大需求

图2-5 6项需求

2.7　具体想象而立之年理想的自己

就业的理由各不相同，关键是要明白：就职于公司并非你人生的终点。40岁、50岁可能过于遥远，难以想象，那就想象一下30岁时的自己，10年后的30岁会是怎样的。希望大家提前展望一下，不论是工作还是生活，期待那时成为怎样的自己。（见图2-6）

首先想象一下，30岁时与10年未见的同学重逢的场景。那时，你会谈些什么？是你的工作、职位，还是婚姻、子女、兴趣爱好等？请脱离现在的自己，具体思考一下想成为的那个自己。

其次请思考，若要实现30岁时理想的自己，该选择何种职业；若进入此行业具体应从事何种职位；若要实现自己想要的生活需选择多少收入的工作；等等。这些都可以想象。

进而请思考，若要从事自己理想的职业，现在的自己还欠缺什么。这时可能你就会发现，想进入海外公司的自己除了母语什么语言也不会，需要各种资格证书自己却一无所有，凡此种种。

从30岁的自己往前推算，明确现在应该做什么，3年后、5年后必须做什么，对30岁之前的自己做出一个清晰的能力提升规划。

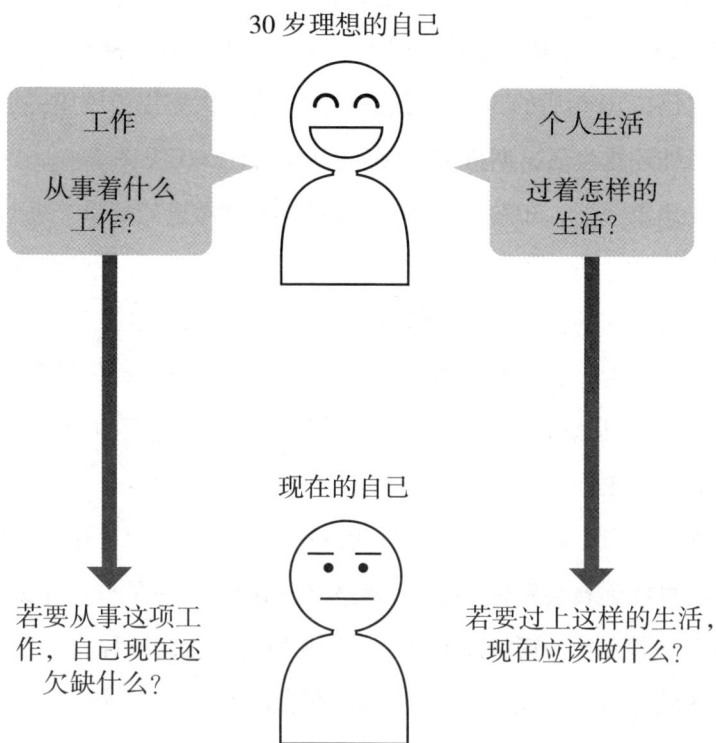

30 岁理想的自己

工作

从事着什么
工作?

个人生活

过着怎样的
生活?

现在的自己

若要从事这项工
作,自己现在还
欠缺什么?

若要过上这样的生活,
现在应该做什么?

图2-6　让30岁理想的自己告诉你现在应做之事

2.8 偶然性理论——能力形成的关键

冒昧询问：你上过的学校、参加过的社团活动有哪些？若细想选择这些学校、参加这些社团活动的理由，恐怕你并不能发现明确的目的和计划性。

斯坦福大学教授约翰·D. 克伦伯尔茨将此定义为"有计划的偶然性理论"。其指出，能力的80%决定于偶然性，并且现身说法，从自身经历论证了这一理论：克伦伯茨小学时期"偶然"与旧友重逢，在友人力荐之下"偶然"体会到了网球的乐趣，他在决定大学所学专业时征求网球教练的意见，曾是心理学教授的教练"偶然"向其推荐了心理学，由此踏上心理学研究之路。

此理论的基本观点在于"人生常受不可知事件左右""不要回避，而要以个人的主体性和努力最大限度地利用这些突发事件""不要等待偶然，而要主动积极地创造机会，使之发挥能力形成助推作用"。（见图2-7）

若要将偶然变为机遇，克伦伯尔茨总结了五大要素："好奇心""持续性""灵活性""乐观性""风险承担"。

综上，制订能力提升规划时，需要某种程度的计划性，但难以做到一切尽在掌控中。将偶然纳入能力形成的五大要素，毫无疑问将发挥积极作用。

有计划的偶然性理论

· 人生常受不可知事件左右

· 不要回避，而要以个人的主体性和努力最大限度地利用这些突发事件

· 不要等待偶然，而要主动积极地创造机会，使之发挥能力形成助推作用

将偶然变为机遇的
五大要素

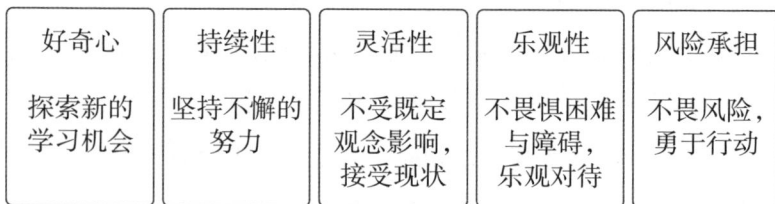

好奇心	持续性	灵活性	乐观性	风险承担
探索新的学习机会	坚持不懈的努力	不受既定观念影响，接受现状	不畏惧困难与障碍，乐观对待	不畏风险，勇于行动

图2-7　将偶然变为机遇的偶然性理论

2.9 适用于各种场合的"五感力"与"想象力"

在求职活动及实际职场中,"五感力"和"想象力"极为有用。(见图 2-8)例如,推测他人想法时,不能仅通过直接询问的方式,而是要充分利用自己的感官观察对方的表情、动作,揣摩对方的心思,从而读懂言外之意。

"五感力"并非天生具备,需在生活中不断提高与完善。正如红酒侍酒师,其敏于常人的味觉与嗅觉得益于经年累月的训练。而五感之中哪种感觉较强也因人而异。我与学生们同去海边时,发现大家所感动的对象各不相同:大海的蓝色(视觉)、潮水的香气(嗅觉)、海水的咸味(味觉)、海浪的声音(听觉)、沙子与波浪的感觉(触觉)。因此,不妨事先了解一下自己哪种感觉更强烈。生活中若能经常有意识地思考自己的 5 种感觉,会使自己的"五感力"得到锻炼。

所谓"想象力",就是不停留于一种观点,能以多重视角看问题的能力。若要锻炼想象力,建议学习摄影。仔细观察拍摄的照片就会发现平时自己是多么疏于观察,虽然看到了花与树却从未真正了解树木表面的质感与花瓣的形状。此外,注重情感、心思细腻柔软也与培养"想象力"息息相关。

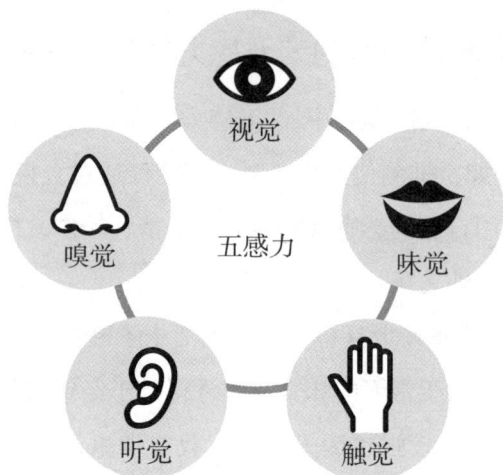

"五感力"

"想象力"

图2-8 "五感力"与"想象力"

2.10 以"非日常行动"拓展人生

人总是选择习惯的道路、习惯的场所和习惯的行动，追根究底还是缘于一种"自我保护的防卫本能"，若无特殊理由轻易不会改变。习惯化的行动有其长处，但也存在缺点，不利于自身的提升。在极具成长空间的二三十岁的年纪，希望大家多尝试一些与往日不同的"非日常行动"。（见图 2-9）

我是个各方面都平平无奇的人。身高、体重、样貌平平，学习、运动若不积极努力也不会留下什么好成绩。我厌倦了这种状态，一心想找到能超越他人之事。最先开始的就是采取与别人截然相反的行动。大学一年级时，同级的同学接二连三出国，我却选择徒步搭便车转遍了日本各都道府县。去学校时不走寻常上学道，选择独自一人走车道。即使今天，在便利店里，我还是坚持从下往上浏览货架。或许你会觉得这都是些微不足道之事，但这些小小的举动的确就称得上"非日常行动"。

坚持"非日常行动"，会发现大家看不到的事物，视野随之开阔，自身也能得到成长，进而或许就能找到自己想做与擅长之事。

| 日常行动 | → | 非日常行动 |

常做之事
（习惯性行为）

不常做之事
（非习惯性行为）

· 在餐馆一成不变
地点同样的菜

· 选择众人常去的
观光地旅游

· 在餐馆挑战平时不常
吃之物

· 探访常人不去之处

↓

拓展对事物的看法
和思路

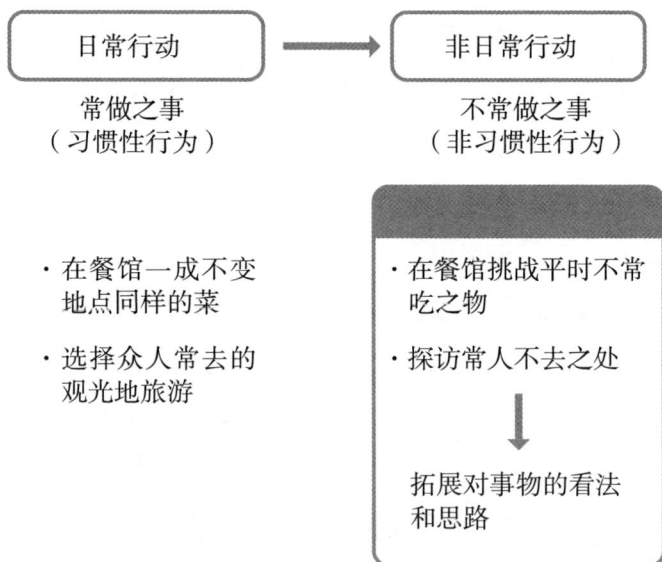

图2-9　日常行动与非日常行动

2.11 企业要求的"头脑机敏灵活"即"发现 问题的能力"

虽说较之学历日企更重视个人品性，但也绝非"只要性格开朗，能力低也无所谓"。尤其最近的风潮是"不拼学历拼头脑"，我与企业人事部门负责人交谈时，也经常会被要求推荐"头脑机敏灵活、综合能力强的年轻人"。

"头脑机敏灵活"是一种与生俱来的能力。除此之外，此词虽无更明确的定义，但一般而言，多指思维灵活、思路开阔、头脑反应快、逻辑思维能力强等综合表现能力。机敏灵活、脑子快的人比与之相反者在同一件事物上能读取多于对方数倍的信息。（见图 2–10）

我认为的"头脑机敏灵活"就是"发现问题的能力"，即"理解事物本质的能力"。若说"与生俱来的能力"，一旦不具备便会让人感觉心情沮丧、无可奈何，但若冠之以"发现问题的能力"名义，情形想必会大不相同吧。因为头脑在成人之后一样可以得到充分的提升。

要提升自己"发现问题的能力"，就必须抛却对事物的偏见及先入为主的观念，养成不断思考"为什么"及"究竟要表达什么"的习惯，在这个过程中找到属于自己的答案。由此，养成从多维度思考问题的习惯，从而逐渐达到理解事物本质的目的。

图2-10 头脑机敏灵活者与相反者之差异

2.12　对运气的执念决定对事物的看法

个人品性是左右求职活动、进而左右人生的要素，而运气是另一个重要因素。运气通常被认为无法受个人能力左右，然而，据英国心理学家理查德·怀斯曼的研究，事实似乎并非如此。

实验中，他将报纸分发给自认为幸运和自认为不幸的两组人群，令其统计报纸中照片的数量。结果显示：自认为不幸的一组平均耗时两分钟，而自认为幸运的一组仅用几秒便给出了答案。因为在报纸第二版的位置以醒目的大字写着"此报纸有 43 张图片"，而且报纸中还写着"对实验者说出'看过这个'就能中 250 美元大奖"。自认为幸运组的人们很幸运地抓住了这个机会。

怀斯曼指出，关于运气没有任何科学依据，幸与不幸之人的区别在于是否认为自己幸运，是预测会发生好事还是预测会发生坏事而已。因此，若始终持消极态度看待事物，则永远难以把握机遇。如果你消极悲观、自感不幸，那么就请改变心态，改变对事物的看法，对自己说"我是幸运的"，时刻保持积极的心态，这将有助于你发现机遇。（见图 2-11）

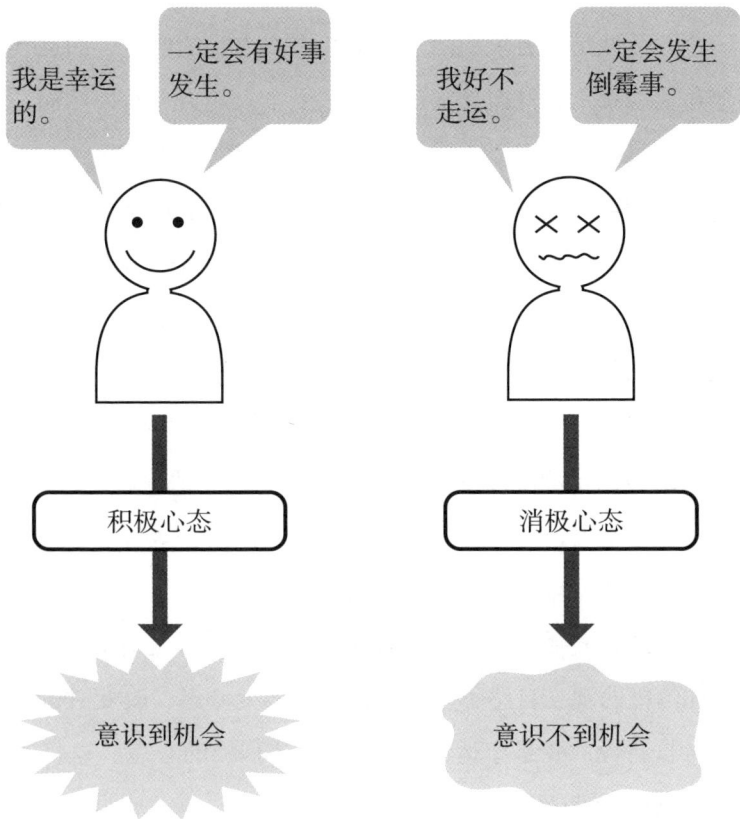

图2-11 自认为幸运与不幸者的区别

2.13　倾听能力是关键

关于在日企中工作时沟通交流的重要性前文曾再三论述。第 1 章中详细讲述了各种场景都需要会话能力，下面就来谈谈提升会话能力不可或缺的若干要素。

我把沟通交流能力定义为：充分理解对方、充分表达自己意见的能力。换言之，在沟通交流的过程中，不能单纯局限于说与写等"表达"层面，认真倾听并准确理解对方所言同样重要。若不认识到这一点，只是一味地诉说而不倾听，则会给人夸夸其谈、自命不凡的感觉。不认真"输入"对方的话语，自然无法"输出"对方想要的回答。（见图 2-12）

这看似理所当然，实践起来却相当困难，因为人会不由自主地将获取的信息进行分类，区别对待。对自己感兴趣的、基本的信息侧耳倾听，反之则置若罔闻，当作耳旁风。

此外，会话绝非仅限于语言的使用。凝视对方、微微颔首，以示认真倾听的态度；抑或察言观色、听声，以揣度对方心思。这些都是沟通交流之一部分。

由此，希望大家与人交谈时能够放平心态、认真倾听，这是最重要的。

图2-12　倾听能力是关键

2.14　语言促成思考乃至左右命运

对于那些为了自己的目标和理想而努力奋斗的学生，我经常会送他们这样一句话："思想成就语言，语言成就行动，行动成就习惯，习惯成就性格，而性格将成就你的命运。"（见图 2-13）这是英国前首相玛格丽特·撒切尔夫人的名言。语言原为人们互相之间加深理解的工具，却将最终左右个体的命运。

与此相关，再介绍一下纽约大学约翰·巴奇教授的实验。他将学生分成几组，让他们分别用提供的单词组成短文。其中只有一组拿到的单词中混有"皱纹""健忘"等易让人联想到老年人的词语。写完短文，学生们按照指示离开场地前往其他房间。这时，使用了"皱纹""健忘"等词语的小组，其成员步履明显慢于其他小组。因为从使用的词语中联想到了老年人，所以此种印象直接反映在了他们的行动之中。

巴奇的实验和撒切尔的名言，都直接表明"语言塑造人格"。环视四周，你身边的人是否也是如此呢？努力向前者必然言辞积极向上，保守倒退者必然言辞消极懈怠。勿轻视语言的力量，努力保持奋进的态度，积极使用催人奋发、促人向上的正能量词语。大家不妨将图 2-6 中所想象的"30 岁理想的自己"以文字的形式描述出来并与他人交流。

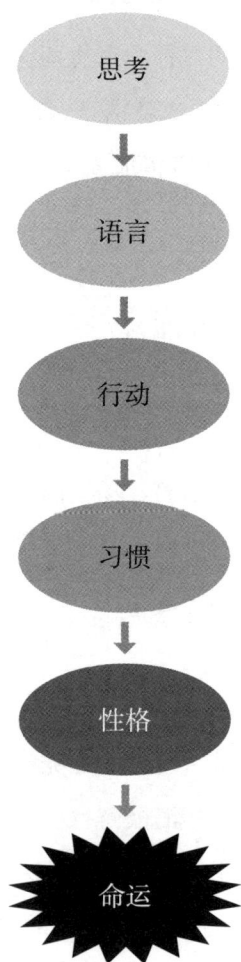

图2-13　语言促成思考乃至左右命运

2.15 通过实习了解自己的实力

如果已经明确了想要进入的企业或希望涉足的行业，建议参加实习。此外，要了解实习内容因实习时间不同而异。（见图 2-14）

一至五日的短期实习类似于一种面试。企业会通过这种实习形式来判断"此学生具备怎样的实力""拥有怎样的性格"等。尤其是仅有一天的实习，基本上是上午听公司介绍，下午小组活动，几乎不涉及实际工作。

两周至一个月的中期实习或一月以上的长期实习，可以体验实际工作。而三到六个月的实习，则有机会挑战接订单、参与制订企划案等工作。一边观察周围员工的工作情形一边工作，能够明确看到自己的不足之处。据说参与销售的实习学生就曾非常讶异于正式员工对待客户的严谨态度。看到他们事先认真调查、拟定对策，为客户提供最优质服务的态度，才明白自己的想法是多么肤浅。

在求职时，求职者可以将实习经历作为应聘理由或自我加分项加以展示。参加中长期实习者则可以通过实习检测个人实力并加以提升，不失为活学活用的好方法。

一至五日：短期实习 | 代替面试

两周至一个月：中期
一个月以上：长期 | 体验实际工作

一边观察周围员工的工作情形一边工作，
能够明确看到自己的不足之处

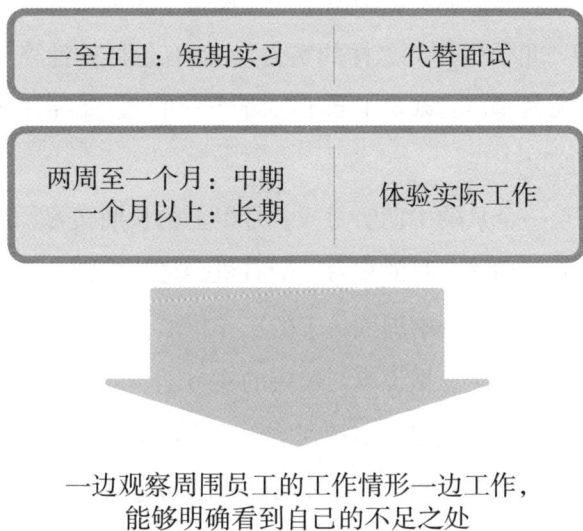

图2-14　实习的时间与效果

3.1 自我认知的目的

一般，员工会通过工作为企业做出贡献，而贡献即"让客户满意"。已经获得满足感的客户，如果还想享受同样的经历，那他就会成为你的回头客。据说东京迪斯尼乐园的回头客率达到了97%。游客享受了游园的乐趣，在乐趣的驱使下会再次造访，如此，工作人员及企业都会受益。从这一点看，东京迪斯尼乐园的确是一个"量产满意的设施"。

那么，如何让客户满意呢？销售商品、生产商品，还是提供服务？仔细观察周围，你会发现有多种多样的方式可令客户满意。

自我认知对如何做到让客户满意尤为重要。怎样做才能让客户满意呢？要想找到答案，首先要深入地认知自我。（见图3-1）虽然我们对自己的性格有所了解，但实际上了解得并不深刻。

求职活动中的自我认知当然是为了填写简历、应对面试中的提问，但是希望大家用更广的视角来思考这一问题。我在此将自我认知的目的定义为：①告诉企业你有创造价值的能力；②将其作为选择职业的指标；③根据社会需要的能力塑造自己。

工作＝让客户满意

客户的笑容　　　　　　　　　自己

工作

想知道自己能做什么、怎样做
才能让客户满意，必须先进行
自我认知

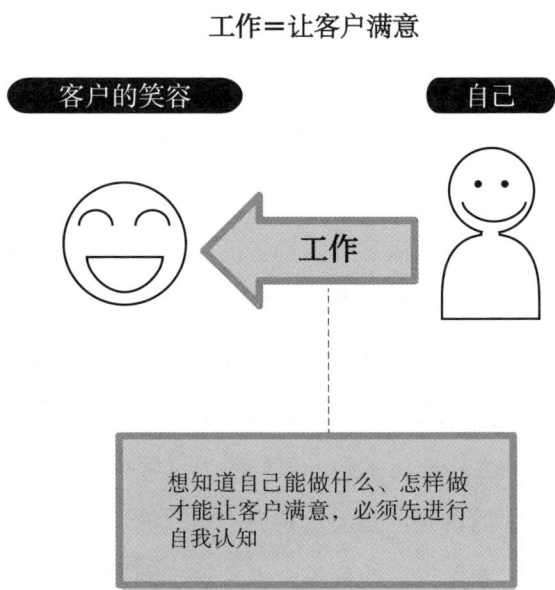

图3-1　为什么要进行自我认知

3.2 经历与性格特征

这里介绍一个方法，可以使你认识到自己具有怎样的性格特征：写出 3 件发生在中学到大学毕业期间有助于你人格成熟的事情，如果有时间并且愿意，也可以尝试着写出从小学到现在的难忘经历。（见图 3-2）

经历可以显示人的性格特征。有个学生曾从事田径运动，爱好读书，喜欢独自做事。但是大三的夏天，他参加了某 IT 企业为期一个月的实习，3 个学生一组承担一个课题。在这次实习中，他发现了自己崭新的一面。最初，他担任了组长，但是一周后，他发现与带领团队相比，自己更适合填补团队的短板。另一个学生曾经性格消极、内向，后因为搬家而转学，为了尽快适应新班级，他不断做出各种尝试，在这个过程中，他的性格竟然变得很外向。还有一个学生，大一时因为父亲去世，之前懒散的他突然开始在高职院校学习，表现出积极的生活态度。

如上所述，人会因为某个契机，发现自己的某种能力，拓展性格宽度。从你的多次经历中找出共同之处，挖掘自己的特点。如果你认为不曾有过帮助你成长的经历，那么请回想一些难忘的事情，从中找寻共同之处。

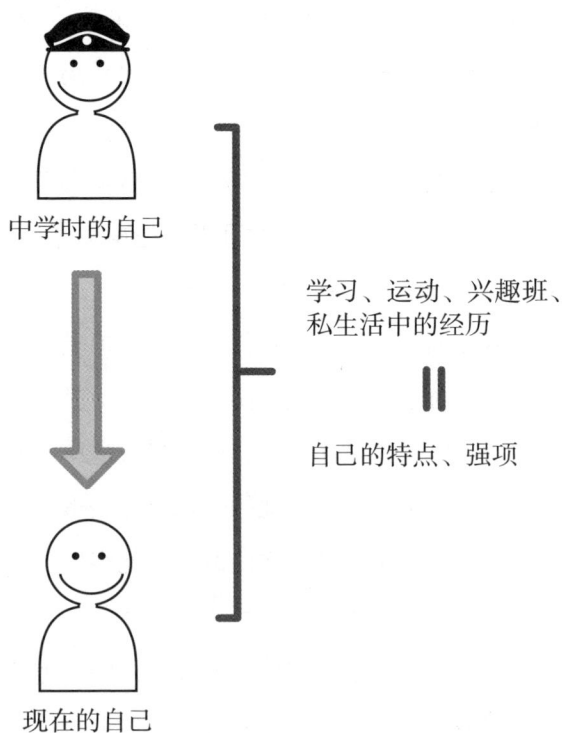

中学时的自己

学习、运动、兴趣班、
私生活中的经历

＝

自己的特点、强项

现在的自己

图3-2　经历显示自己的特点

3.3　霍兰德职业兴趣理论与自我认知

社会上有多种职业类型，每种职业都有不同的职业特征。美国心理学家约翰·霍兰德在《霍兰德的职业兴趣理论》（雇佣问题研究会 2013 年版）中指出，从事同一职业的人具有相同的性格类型。人的性格可以分为现实型（Realistic）、研究型（Investigative）、艺术型（Artistic）、社会型（Social）、企业型（Enterprising）和常规型（Conventional）6 种，每种类型都有与之相匹配的职业。因此，不同的性格类型有不同的爱好、能力和倾向，各自都在寻求一个工作环境，以便让自己获得满意的职位和工作。例如，艺术型，其特点是富有想象力、情感丰富细腻，与其相匹配的是插图画家、音乐家等艺术领域的职业。

将 6 种类型中与自己契合的 3 种类型的首字母组合在一起，则是"霍兰德职业代码"。这个代码表示能够满足其爱好、发挥其能力、符合其价值观的职业。

表 3-1 归纳了与每种性格类型有关的关键词，请选择自己熟悉的、与自己契合的关键词，将数量最多的 3 种类型的首字母组合就是你的"霍兰德职业代码"，请依此分析你的性格和强项。

表3-1　霍兰德职业兴趣理论

字母	类型	内容、关键词等
R	现实型	工具、物、机械、动物：脚踏实地、实践性
I	研究型	生物学、物理学、数学、化学、医学：钻研
A	艺术型	语言、美术、音乐：有创意、想象力丰富
S	社会型	言传身教：助人为乐、友好
E	企业型	影响力、领导力、说服力：野心勃勃、擅长社交
C	常规型	有序整理信息：有责任心、依赖性强、细致

（大家一起通关☆就业顾问考试）（http://www.career-consultant.info/）

3.4 思维角度与优缺点

在求职活动中经常被问及的一个问题是"你的优点和缺点是什么"。对于这个问题，绝大多数日本人列举的缺点往往比优点多。在日本，8个学生里就会有1人一个优点都不列举，反而举出10个缺点。但是，只要改变思维，这些缺点就会转化为优点。例如，你认为"自己性子急"，但在做事拖沓的人看来，是雷厉风行、果断、行动敏捷，这就是优点。同理，消极的人可以说他们慎重、仔细，任性的人可以说他们能够明确表达自己的诉求。如此，优点与缺点都是对立且可以相互转化的。（见图3-3）

当然，并不是所有的缺点都可以置换成优点。在实际的求职活动中，求职者也会被问起自己的缺点，所以应该对此有清醒的认识。在企业看来，能明确说明自身缺点的学生更方便管理。例如，老员工批评新员工说："你行动迅速，但是对内容考虑不周。"这时，新员工如能自省，并回答"是的，我确实有这样的不足之处，所以一直在努力做好笔记，理清要点"，就会得到老员工的认可，便于今后开展工作。

沉不住气	➡	有行动力、果断、行动敏捷
没耐性	➡	好奇心旺盛，能快速转换心情
消极	➡	慎重、仔细
急脾气	➡	感情丰富、全力以赴
个性强	➡	坚持自己的主张
不听劝	➡	喜欢、擅长自己思考
随意	➡	豁达
放肆	➡	有自主性
粗略、鲁莽	➡	不拘小节
肤浅	➡	不纠结
强势	➡	能坚持并说明自己的意见
顽固	➡	顽强
缺乏行动力	➡	三思而后行
无法表达自己的意见	➡	替他人着想
胆小	➡	考虑周到，能考虑到所有可能性
任性	➡	能够明确表达自己的诉求

消极转积极词典编辑委员会『ネガポ辞典』（主妇之友出版社 2012 年版）

图3-3 从"缺点"考虑"优点"

3.5 社会需要的能力与自我认知

近年来，随着 AI 技术的迅猛发展，出现了一些 AI 技术领域的企业，特别是在少子化问题突出的日本，为解决劳动力人口不足的问题，AI 技术的引入已经势在必行，你具备这种社会需要的能力了吗？

著名日本创意总监稻本零曾入选杂志 Creativity "世界最有影响力 50 人"、杂志 Forbes "世界广告业最有创意的 25 人"。他断言："人类的工作今后可以用 0→1 和 9→10 来概括。"以做菜为例，普通的烹调步骤（1→9）实现自动化，开发新菜单（0→1）与最后的调整（9→10）这两个步骤由人工完成。因此，稻本强调，今后社会需要的是"想象力"与"提高达成度的能力"。

除了"想象力"，我认为还应该加上有条理地思考问题的"逻辑思维能力"、牵引团队前行的"推动力"、即使不断失败也要坚持到底的"持久力"，这些都是特别需要拥有的能力。（见图 3-4）

在你所做的事情中，有没有用到过这些能力？这些能力，是日企及其他各国企业都要求具备的，是求职活动中自我推介的重点，也是今后立足于社会需要拥有的重要能力。

想象力

项目构思

逻辑思维能力

有条理地思考问题

推动力

成为团队的发动机，
推动工作前进

持久力

屡战屡败，不言
放弃，坚持到底

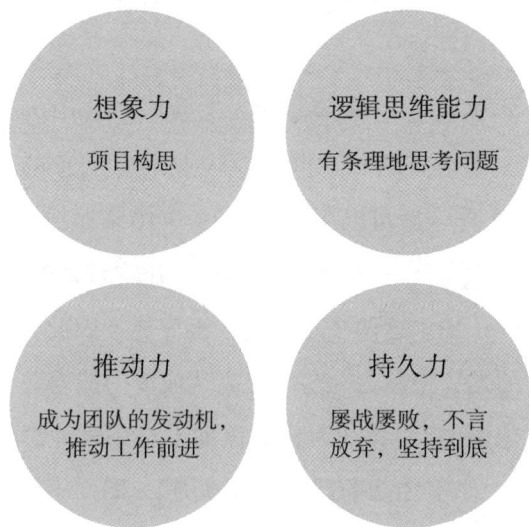

图3-4 基于今后社会需要的能力分析自己

3.6 "乔哈里视窗"与自我认知

自我认知，即自我分析。通过剖析自己，分析自己的优缺点，能发现以前从未意识到的某个侧面，这对个人来说是很大的收获。

在此介绍"乔哈里视窗"，为大家进行自我认知提供参考。"乔哈里视窗"源自旧金山州立大学的心理学家乔瑟夫·勒夫和哈里·英格拉姆在1955年提出的"自我意识的发现——反馈模型"，因此由两位学者的名字组合命名。

根据"乔哈里视窗"，可将自己的信息分为4个区域，分别是：①开放区（自己和他人都了解）；②盲区（他人了解，但是自己不了解）；③隐藏区（自己了解，但是他人不了解）；④封闭区（自己和他人都不了解）。①与③是自己了解的自己，②与④是自己不了解的自己。（见图3-5）

在进行自我认知时，首先要对①与③进行深刻剖析，④是"自己和他人都不了解"，其中蕴含着无限的可能性，期待以后挖掘。关于②，换一个角度来说就是只要问别人就会得到答案，如"那个人，虽然他自己没有意识到，但实际上……"，即关于这一部分，我们需借助外力了解自己没有意识到的优缺点。

	自己了解的自己	自己不了解的自己
他人知道的自己	**①开放区** 自己和他人都了解 例：喜欢浏览网页，这事自己和他人都了解	**②盲区** 他人了解，但是自己不了解 例：有一紧张就转笔的习惯，听他人说起才意识到
他人不知道的自己	**③隐藏区** 自己了解，但是他人不了解 例：他人认为自己沉迷于电脑，但是与操作电脑相比，自己更喜欢能接触到植物的园艺	**④封闭区** 自己和他人都不了解 例：工作中从没有做过销售，但是在公司命令之下尝试了一把，结果相当成功，顺利拿下订单，因此发现了自己的销售能力

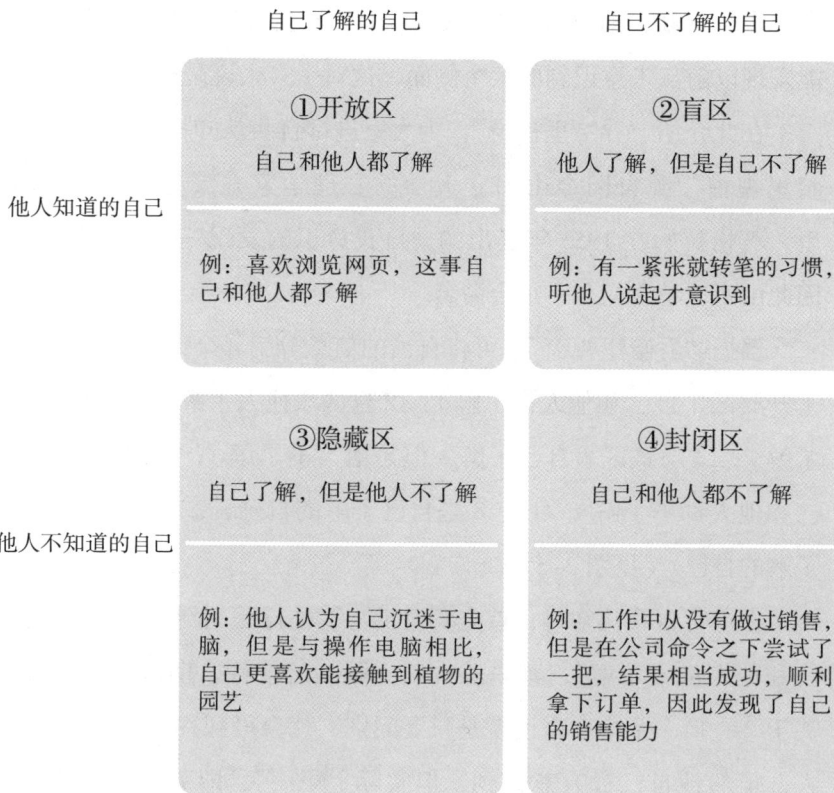

图3-5　了解他人眼中的自己

3.7　他人眼中的自己与自我认知

要多请教别人，以便了解"他人了解，但是自己不了解的自己"，进一步了解自己的强项。在此介绍一个"强项挖掘研究所"提出的"积极反馈法"。

第一步，向身边了解你的人（父母、朋友、恋人）询问你的优点、长处，回答最好是文字性的，因此要准备好答题卡或答题纸，请他们书面回答，或者通过邮件回答。

第二步，将得到的回答制作成一个评价一览表，从表中找出相同评价，制作"相同评价分析"表，再进一步将这些评价按照"完全同意""同意""有疑问"进行分类，并将"完全同意"和"有疑问"的评价作为"认清强项"的评价单独列出，"完全同意"的评价是自己已掌握的强项，"有疑问"的评价是未来有可能成为强项的部分。关于"有疑问"的评价，要虚心请教，直到搞明白为止。（见图 3-6）

第三步，按流程完成分析后，从评价中归纳总结出自己的强项，思考"我到底拥有怎样的强项"。例如，你的强项是"坚强、温和、让人放心"，那么你强项的深层部分就是"值得信赖"。

请身边的人列举自己的优点、长处

⬇

评价一览表

归纳得到的评价

⬇

分析相同之处

从评价一览表中找到并列出共同的特点，
分为"完全同意""同意""有疑问"三大类

⬇

明确强项

汇总"完全同意"与"有疑问"两类

⬇

从已明确的强项中找出潜在的强项

图3-6　了解他人眼中的自己

3.8　团队领导力的 6 种类型

进入企业后，很多时候会在一个团队中工作，企业规模越大，组队工作的机会越多，成员的数量也越多。

我们经常会在日企招聘会或企业网页的应届生招聘信息中发现这样一句话——"要求具备领导能力"，这是因为日本人过于重视职场的一团和气，缺乏能够率领团队、有领导能力的人。虽然统称为"领导"，但是其类型也多种多样，《情商》（丹尼尔·戈尔曼著，讲谈社 1996 年版）的作者丹尼尔·戈尔曼将其分为以下 6 种类型：

①愿景型（Visionary）。愿景型领导能够带领团队向共同的目标前进。②指导型（Coaching）。指导型领导偏向一对一地专注于成员个人，帮助成员明确个人目标，并使其个人目标与团队目标协调一致，即发挥指导的作用，辅佐团队前行。③亲和型（Affiliative）。亲和型领导尊重各成员的意见及感情，建立成员间的情感纽带，之后建立互信关系，带领成员完成目标。④民主型（Democratic）。民主型领导能够接受每个成员的意见、建议，通过集思广益完成目标。⑤示范型（Pacesetting）。示范型领导能够发挥高水平的工作能力，成为团队的示范，各成员参照具体的示范，易于完成目标。⑥命令型（Commanding）。命令型领导通常通过权力施压，向成员下达命令，成功便罢，否则可能破坏整个团队。（见图 3-7）

建议大家在对自我领导力进行推介时，参考上述说明。

①愿景型

明确指出企业目标、前进方向，带领成员前行的最积极的一种类型。完全放手，让成员决定实现目标的方法和过程，因此可以提高成员的自主性和归属感

②指导型

重视领导与成员的一对一关系，发挥教练的作用，辅助成员完成每一个目标。该类型的领导对有工作积极性的成员有效，对没有工作积极性的成员无效

③亲和型

通过重视各成员的意见和相互间的感情，建立互信关系，使目标更容易实现，可以维持和谐的人际关系，营造良好的工作环境。但是出现问题时，不容易找到原因、厘清责任。时间多用于交流，有可能导致效率低下

④民主型

领导能够集思广益，将其融合到组织内的活动中去。可以期待出现创新点。与结果相比，更重视成员积极参与活动的过程。但是征集意见的随意性会导致结论"难产"，在紧急情况下无法做出决断

⑤示范型

面对难度较大的目标时，作为标兵为成员提供具体的示范，告诉成员该如何行动，为成员描绘蓝图。在领导本身有能力、成员也很优秀的情况下有很好的效果，但是当成员无法达到要求时，领导有可能陷入需事事亲力亲为的困境中

⑥命令型

通过权力和压力强制成员完成目标。适合在危机发生时带领团队紧急脱险。追求短期效果，大权在握，对成员不做任何说明，要求唯命是从

图3-7　团队领导力的6种类型

3.9 自我介绍的作用

企业希望从你的自我介绍中了解什么？针对此，你需要突出的自我介绍的要点是什么？下面对此进行说明。

第一，通过自我介绍，面试官首先希望了解的是你性格中的强项、证明该强项的经历、你从该经历中学到的经验，以及你在公司中如何发挥你的强项。第二，了解你在团队中担任的角色，以及能证明该角色的经历，还想了解你遇到失败和挫折时是如何克服的。第三，了解你的习惯，以便判断"此人平时考虑什么，怎样做事，是否符合公司要求"。（见图 3–8）

要想充分回答面试官的问题，诀窍是"实话实说"。面试时无论多么强调自己有决心在公司实现梦想，但是如果没有"能做到"的证据，就没有任何说服力。面试官希望通过了解你曾做过的事情、做事时的态度，来判断你在这些经历中形成的品格和强项能在公司中发挥出怎样的作用。

此外，面向不同的公司随时修改自我介绍也很重要。我在求职活动中强调了"自己勇于开拓前行之路"，这一点在媒体公司和综合性贸易公司得到了认可，但是没能给银行留下好印象，他们因此认定我不适合做循规蹈矩的银行职员。因此，面对不同的公司，需要灵活介绍自己的强项。

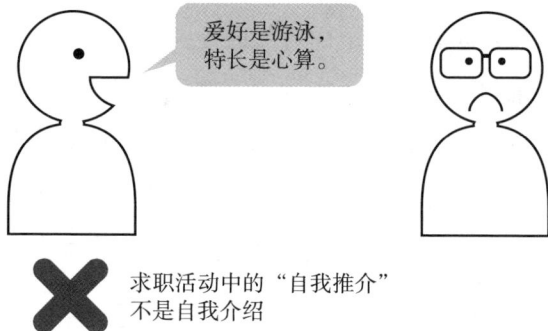

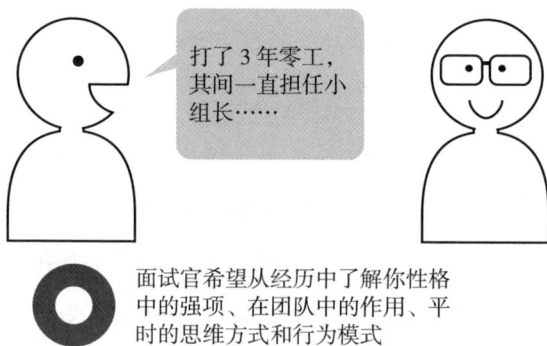

图3-8 求职活动中的自我介绍

3.10   自我介绍的方法

自我介绍，其内容的重要性毋庸赘言，在表述方面也需推敲。下面介绍 PPT 的构成方法 PREP 法、自我介绍基本的构建方法 STAR 法（见图 3-9），以及更高阶的手法——日本的电商公司提出的"日本网络高田法"，供大家参考。

PREP 法，是由结论说起，从而引发对方兴趣的构建方法，首先摆出结论（Point）、陈述要点，其次说明理由（Reason），然后举出具体事例（Example），最后回到结论（Point）。

STAR 法，首先告诉对方自己所处的状况（Situation），其次展示面临的任务（Task）或希望完成的目标（Target），然后列出所采取的行动（Action），最后叙述结果（Result）。

"日本网络高田法"是由日本网络高田公司提出的介绍方法。高田公司是一家电商公司，该公司制作的电视购物节目从提示一个"日常的难题"开始，首先引导你想象出一个悬而未解的问题，其次拿出一个商品，通过演示商品的秘密功能，恰好完全解决了这个问题。然后举出让你犹豫购买的理由，再一一否定这些理由。最后报出价格。如果你要在求职活动中采用这种方法，需要先行提出公司遇到的困难、不足之处，然后说明如何通过自己的强项去解决。

PREP 法

从结论说起，引起对方的兴趣
Point（结论）
简明扼要介绍重点

> 最初阐述的"结果"有无吸引力是关键

Reason（理由）
对重点进行说明

Example（例示）
展示具体的例子

Point（再次回到结论）
改变表达方式再次提出结论

STAR 法

可使对方容易明白你为克服困难而付出的努力
STAR 法
Situation（状况）
说明身处何种状况

> 说明中使用数字和固有名词

Target / Task（目标 / 任务）
展示你面对的任务和希望达成的目标

Action（行动）
说明自己采取的行动

Result（结果）
讲述行动的结果和得到的经验教训

图3-9　自我介绍的方法

3.11 "比较"的陷阱

在寻找自己的强项和弱项的时候，希望大家切记，勿将自己与他人进行比较。一旦比较，就会只专注缺点，难以发现优点。

但是，人总是容易拿自己与他人进行比较。从前有一个我熟悉的僧人告诉我："如果不再嫉妒别人了，可能就意味着修行完成了。"我们确实难以做到不与别人进行比较。

美国杜克大学的心理及行为经济学家丹·艾瑞里提出了"诱饵效应"，可以提示我们如何去解决与别人进行比较这一问题。艾瑞里认为，人根据与其他事物的关系来评价事物，例如，某个酒吧的啤酒分别卖 400 日元和 600 日元，400 日元的畅销，但是，如果再有一种啤酒卖 1000 日元的话，600 日元的啤酒就会受人欢迎，也就是说，人会根据比较的对象而改变判断的标准。（见图 3-10）

在考虑自己的强项时，如果你感到"与那个人相比，我的强项算不得什么"的话，那你永远都不会发现自己的优点。这个世界人口众多，每个人都有自己的优缺点，所以无法进行精确的比较。寻找自身优点的时候，切勿在意别人，要专注于自己。

400 日元   600 日元

400 日元的啤酒畅销

400 日元 600 日元 1000 日元

600 日元的啤酒畅销

＝

判断标准因比较对象的
变化而变化

图3-10　何为"诱饵效应"

3.12 明确求职动机

在求职活动中，通过求职动机向企业展示出强烈的入职愿望非常重要。思考求职动机，可以发现自己在企业中的角色，乃至在社会中的定位。

求职动机中不可或缺的内容是"为什么想在这个公司工作"。企业通过你的回答想了解什么呢？企业通过竞争手段录用没有工作经验的学生，是因为他们判断这个学生能在工作中发挥作用。企业还想知道"对本公司感兴趣吗""入职后能发挥什么作用""入职后，发现现实与理想有很大差距时，能积极面对吗"等问题的答案。因此，求职者要避免一些"假大空"的表述，例如，"想成为连接日本与世界的桥梁"这种适用于任何做国际贸易的公司的表述，或者"贵公司在业内处于领先地位，因此我认为入职后可以从事顶尖技术方面的工作"这种流于形式的表扬，或者"想通过这份工作为社会做出贡献"，等等，这些作为求职动机都不恰当。（见图3-11）有效的求职动机是具体表明"我的目标是什么""我想实现什么"，明确选择企业的理由是行之有效的做法。

企业想通过求职动机了解什么?

· 对本公司感兴趣吗?

· 入职后能发挥什么样的作用?

· 入职后,发现现实与期望有很大差距时,能积极面对吗?

✖ 不恰当的动机

1. 也适用于其他公司
   "想成为连接日本与世界的桥梁。"

2. 对企业进行说明后便一味地赞美
   "贵公司在业内处于领先地位,因此我认为入职后可以从事顶尖技术方面的工作。"

3. 没有自发性的目标
   "想通过工作为社会做贡献。"

● 给人留下好印象的求职动机

1. 自己的目标是什么? 想要实现什么?
   有什么规划? 为什么这样规划?

2. 有选择该公司的理由
   公司的哪些特点吸引了你? (能够说明该公司与其他公司的不同)

3. 有可以发挥能力的征兆
   思考过自己能做什么,如何在公司中大显身手?

图3-11 填写求职动机的注意事项

3.13 择业视角

在求职活动中，很多人会对选择什么样的公司或职业感到迷茫，要解决这个问题，大家可以参考占部礼二的文章《大学生择业基准与择业评价量规试行方案》(《文京学院大学 经营论集》2018年第 28 卷第 1 号)，他提出了"何谓好的职业选择"。

如果学生在求职过程中能选择好公司、工作岗位、行业，那么可以说基本找到了"想做的事情"。在选择这 3 项的时候，需要分别从不同的角度来考虑。(见图 3–12)

关于公司，要用"第一人称视角"来考虑，即思考我入职该公司能获得的益处。在选择公司时，学生思考的是能力和知识在公司里能否得到提高，工资能拿到多少。

与公司的视角相反，要用"第二人称视角"考虑工作岗位，即考虑自己在这个岗位上能发挥什么能力，能为他人创造什么样的价值。正如在 3.3 节中所提到的"霍兰德职业兴趣理论"，在同一岗位工作的人有相同的个性，因此，工作岗位应基于"第二人称视角"来选择。

最让学生感到苦恼的是行业。行业是根据商品和服务内容来划分的，因此需要用"第三人称视角"考虑自己对商品、服务有什么兴趣点或关注点，它的意义和价值，以及自己能为社会做出的贡献。选择行业的重点是看哪个行业能为你的这些问题提供最佳答案。

①行业的选择

需从第三方视角考虑：对商品、服务的兴趣点、关注点是什么？这个行业有什么意义和价值？自己能为社会创造什么价值？

第三人称视角

②岗位的选择

需从第二人称视角考虑：能发挥什么样的能力？能为他人创造什么样的价值？

第二人称视角

③企业的选择

需从第一人称视角考虑：我进入企业后会得到什么益处？

第一人称视角

图3-12 选择适合自己的职业需要考虑的问题

3.14　"择业评价量规"与择业进程

你已经决定从事什么岗位的工作了吗？或者现在才开始考虑？我们可以使用占部礼二在文章中提到的"择业评价量规"进行择业，它不仅能从框架上，而且能从内容上明确在求职活动中占着重要地位的择业进展情况。

"择业评价量规"将择业过程分成从 STEP 1 到 STEP 4 的 4 个步骤，又用 5 个阶段表示每个步骤的进展情况。STEP 1 表示①工作意识、②职业观的培养；STEP 2 表示③目标的形成、④能力的反映；STEP 3 表示⑤对行业的了解、⑥对岗位的了解；STEP 4 表示⑦明确的人生规划。（见图 3-13）每个步骤分成 1—5 个进展阶段，如果自己属于 1—4 中的某一个阶段，就要向下一阶段而努力。详细的理性职业选择能力评估表见附录 3，大家可以对照查询一下自己属于哪一步骤的哪个阶段。如果所有步骤都处在第 1 个或第 2 个阶段，那说明你还没有做好择业准备，对自己、对企业都缺乏足够的认知，要继续努力，至少让所有步骤都达到第 3 个阶段。

"择业评价量规"的制订可以帮助你不被感情或感觉左右，实现合理的职业选择，应在求职活动中充分发挥它的作用。

STEP 1	①工作意识
	②职业观的培养
STEP 2	③目标的形成
	④能力的反映
STEP 3	⑤对行业的了解
	⑥对岗位的了解
STEP 4	⑦明确的人生规划

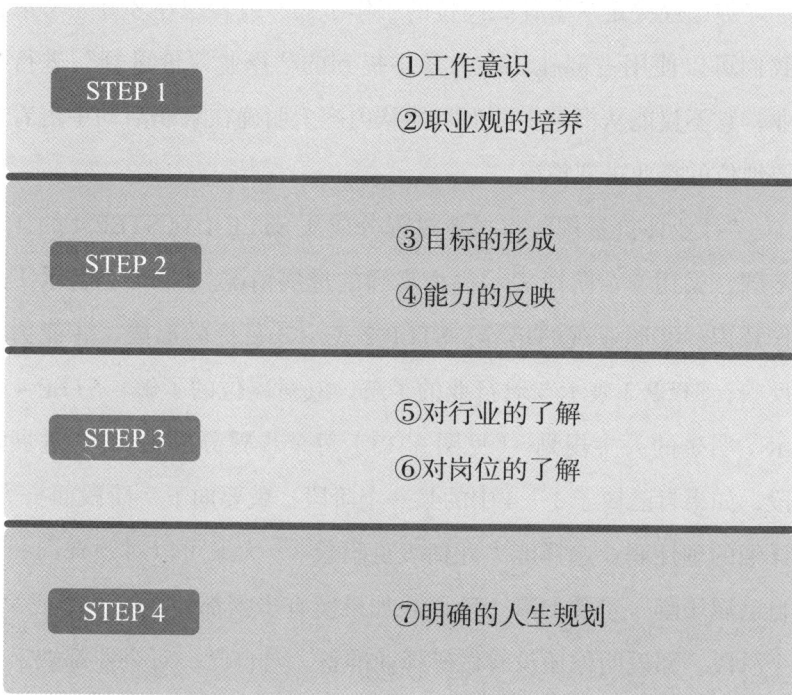

"择业评价量规"可帮助你实现合理的职业选择，避免受情感或感觉的影响

图3-13　使用"择业评价量规"进行职业选择

3.15 入乡随俗

日企很重视外国学生对日本的适应程度，因为如果对日本的每一个习俗都感到惊讶，那么适应职场要花费大量时间，对双方都会造成负担，外国学生如果因此辞职也会使企业措手不及。所以，在面试时，求职者要具体说明自己对日本适应到了什么程度，在日本生活之后与在自己的国家相比发生了什么变化。例如："以前认为迟到是正常的，但现在无论是上课还是打工，都有意识地提前 10 分钟到"；"被老师批评之后，不再满不在乎，而是坦诚接受，吸取经验教训"；"当有人问我'你可以吗？'，如果我不得要领，我不会再回答'可以'，而是详细询问让我做什么"；等等。让用人单位知道你亲身体验过的日本文化，在言行上能够适应它，用人单位才会认为你值得录用。（见图 3-14）

还有最重要的一点，你需要再次确认为什么要在日企工作。你学了几年日语（接触日本几年了）？在日本赚钱孝敬父母这一最初的目的是否已经淡忘？在日企求职，你需攻破数个难关，日本学生也面临同样的问题。希望大家能够回归初心，重新认识自己，顺利进行求职活动。

来日本后养成了不迟到，比集合时间提前10分钟到的习惯。

打工时，已经习惯在按自己的想法行动之前，先征求店长的意见。

他完全适应了日本的习惯。

图3-14 表明自己已经适应了日本的文化习惯

简历和应聘报名表的写法

4.1 应聘报名表是"菜单""问题集""入场券"

　　企业不会随随便便把学生叫来面试。这时候就要通过筛查简历或企业自定的应聘报名表（Entry Sheet，ES），从众多学生中进一步锁定需要面试的学生。也就是说，企业会根据这类书面资料来判断是否有必要和这个求职者面谈。然而，简历或应聘报名表的篇幅和字数往往有限制，所以一味地罗列事实肯定行不通。严格筛选信息，并举出具体的事例来予以说明，然后用这些内容填满表格，这一流程尤为重要。由此，在填写简历和应聘报名表时，应注意以下3点。

　　首先，简历和应聘报名表是一份"菜单"。餐馆里的菜单只会列出菜品的名称和价格等简要信息。就像写菜单那样，请简要概括出自己具有怎样的特点。其次，简历和应聘报名表也是一份"问题集"。面试时，面试官通常会基于简历和应聘报名表上所写的内容，从中挑出感兴趣的部分来提问。反过来考虑，求职者应该把希望被问到的事情写上去。最后，这是一张通往面试环节的"入场券"。如果连书面资料审核这关都过不了，那么无论多么干劲冲天或多么适合这份工作，都不可能进入面试。（见图4-1）大家应先牢牢记住这3点，然后再来学习简历和应聘报名表的具体写法。

简历是"菜单""问题集""入场券"

菜单

简要概括出自己具有的特点

问题集

面试官会基于简历和应聘报名表上所写的内容，从中选出感兴趣的部分来提问

入场券

如果书面资料审核这关都过不了，那么无论多么干劲冲天或多么适合这份工作，都不可能进入面试

图4-1　简历是什么

4.2　简历和应聘报名表需突出教育经历和技能

　　日企的简历和应聘报名表上的内容大致可分为两类：一类是姓名、住址、教育经历等个人信息，另一类是外语能力、专业能力等技能介绍。企业只需这些信息即可了解求职者的性格优势等形象特征。（见图 4-2）这是因为，教育经历和技能这两栏可以充分显示出个人所拥有的能力。正如本书前章所述，日企最重视的是人的品性，这一倾向非常明确，切不可忘记。

　　负责招聘的人一天之内要看很多份由上述内容写成的简历和应聘报名表。根据企业规模，有时候一天之内甚至必须看完好几千份，这样平均下来用在一份资料上的时间也就区区数秒而已。因此，必须想办法抓住负责审核材料的人的目光，如果是手动填写，需要把吸引人眼球的部分写成粗体，或是画上红线，或是用括号括起来，多动动脑筋总是好的。如果你擅长打网球，想要把打网球时的情形呈现出来，那么你可以把实际打球的场景拍成视频，提前做好那个视频的二维码并加到简历和应聘报名表上去。这不失为一个好方法。附上二维码的话，负责人十有八九会去看视频吧。

　　不过，此处必须注意的是，简历和应聘报名表的写法往往因行业而异。像上面这个方法，在贸易公司、媒体、IT、风险投资等领域是能够被接受的，但如果是银行这类传统企业，则不必在写法上煞费苦心，只需中规中矩地遣词造句，恭敬谨慎地写出来，这样更易给人留下好印象。

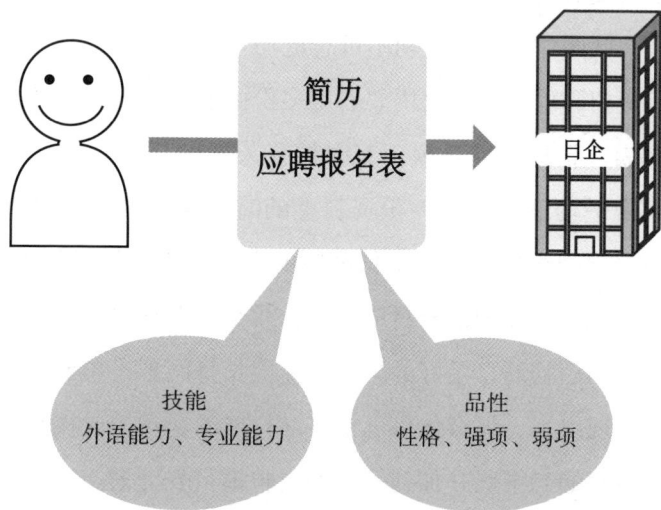

图4-2　日企希望通过简历了解的情况

4.3   3 种不同的简历和应聘报名表

在日本，长期以来都是由经团联（日本经济团体联合会）来规定企业招聘的总体日程，每年自 3 月 1 日起才能面向该年的大三学生广发招聘信息[①]。2018 年 10 月，经团联宣布，自 2021 年起将废止招聘活动相关的限制规定，2021 年毕业的学生可自由选择求职时间。不过我认为，在短时间内，基本流程并不会发生太大变化。每年从 3 月 1 日开始，很多企业会通过求职网站要求学生进行预报名。所谓预报名，就是由求职网站向企业简单传送个人信息或简历。预报名结束之后是正式报名，这时用到的简历和应聘报名表有以下 3 种。（见图 4-3）

第一种是由企业规定格式的"应聘报名表"。上面写有企业对学生提出的各种问题，内容因企业而异，所以求职者必须根据自己应聘企业的要求分别填写。第二种是"Open ES"。这是自 2013 年起由大型求职网站「リクナビ」[②]制作的应聘报名表，可供多个企业循环利用。除个人信息外，还需填写自我介绍、学生时期最热衷的事情等。在报名环节，当企业要求提供"Open ES"时，求职者需通过专门的网页把它发送给企业。第三种就是人们常说的那种普通"简历"。在文具店或便利店都能买到，有些大学或职业学校的小卖部也会售卖各自学校的专用简历。现在互联网上也可找到各类简历模板，求职者可以把各项信息填在上面做成简历。

大企业一般要求通过求职网站进行预报名的求职者提交应聘报名表或"Open ES"，中小企业则多会要求提供简历。

---

① 根据日本经团联制订的《录用考核相关指针》（「採用選考に関する指針」），企业每年自 3 月 1 日起面向该年的大三学生发布招聘信息，从 6 月 1 日开始面试，10 月 1 日起正式签协议，禁止提前进行。2018 年 10 月，日本经团联宣布自 2021 年起现行的招聘规定废止，不再限制企业的招聘日程。

② 「リクナビ」是日本 Recruit Career Co., Ltd. 旗下的人力资源服务网站，网址是 https://www.rikunabi.com/。

简历和应聘报名表的种类

①应聘报名表

· 上面写有企业对学生提出的各种问题
· 内容因企业而异，学生需根据自己应聘企业的要求分别填写

②Open ES

· 大型求职网站「リクナビ」制作使用的应聘报名表
· 可供多个企业循环利用
· 在求职申请环节，当企业要求提交时，要通过专门的网页发给企业

③简历

· 在文具店或便利店都能买到，有些大学或职业学校的小卖部也会售卖各自学校的专用简历
· 也可以利用互联网上发布的简历模板

图4-3　简历和应聘报名表的种类

4.4　简历照片一定要去照相馆拍

通过求职活动，一方面会让求职者突出自己的特点，另一方面也能看出求职者是否按规矩办事，是否遵守规则。简历和应聘报名表也不例外。如果按照格式写得一丝不苟、简明易懂，就会被认定是一个能够很好地遵守规则的人。下面对填写这类简历时需要注意的关键点逐一做出说明。（见图4-4）

第一，"姓名"写得要大，且要遒劲有力，这样才能抓住招聘负责人的目光。整篇简历中应该是这里的字号最大。如果姓名旁边留有盖"印章"的地方（日本有在公文上盖印章的文化习惯），则需要考虑好上下左右的位置之后垂直按下去，不要盖花了。建议先盖印章，后写文字。第二，尽量不要使用那种内置印油的简易印章（日本印章公司 Shachihata 生产的那类）。第三，就是正确提交"照片"。在面对陌生人时，人们往往容易以貌取人。为了给对方留下一个更好的印象，拍照时必须注意自己的服装、发型、妆容，各方面多加用心。还要注意，别用快照之类的敷衍，一定要去照相馆拍，因为后者拍出来的效果要好很多。和快照相比，虽然价格贵一些，但如果能因此顺利通过资料审核，也算是便宜的了。第四，"电子邮箱地址"不要填手机公司附送的那种，最好使用专门的免费邮箱。此外，还可以申请一个用于求职的新邮箱。第五，"教育经历"从高中填起，年号要使用日本的和历。

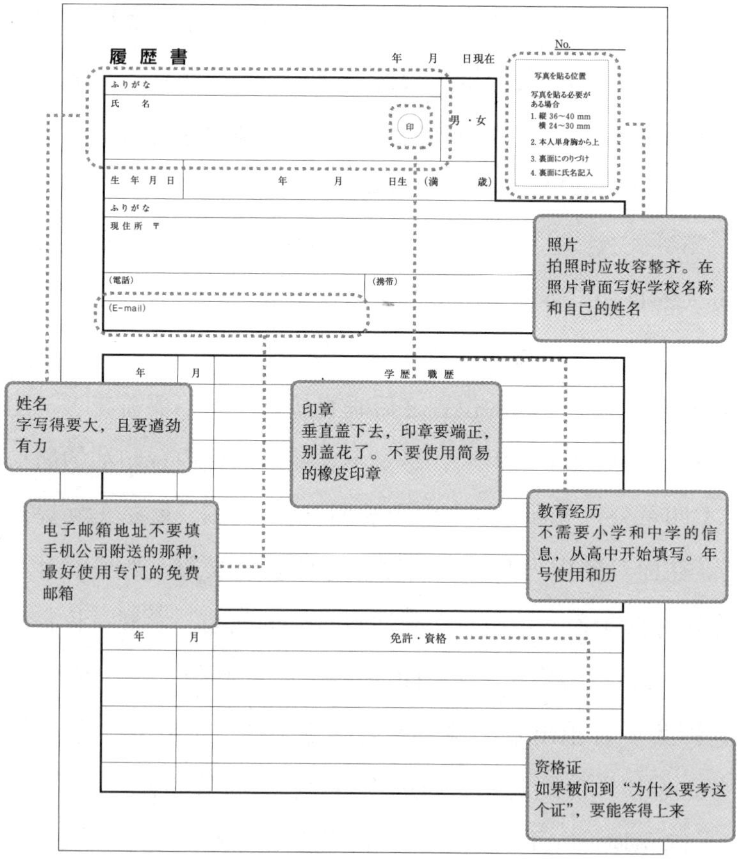
履 歴 書
年 月 日現在
No.
ふりがな
氏 名
印
男・女
生 年 月 日
年 月 日生（満 歳）
ふりがな
現住所 〒
（電話）
（携帯）
（E-mail）
写真を貼る位置
写真を貼る必要がある場合
1. 縦 36～40 mm 横 24～30 mm
2. 本人単身胸から上
3. 裏面にのりづけ
4. 裏面に氏名記入
年 月 学歴・職歴
年 月 免許・資格
照片
拍照时应妆容整齐。在照片背面写好学校名称和自己的姓名
姓名
字写得要大，且要遒劲有力
印章
垂直盖下去，印章要端正，别盖花了。不要使用简易的橡皮印章
教育经历
不需要小学和中学的信息，从高中开始填写。年号使用和历
电子邮箱地址不要填手机公司附送的那种，最好使用专门的免费邮箱
资格证
如果被问到“为什么要考这个证”，要能答得上来

图4-4　简历上的关键点

4.5 "兴趣"和"特长"栏要重视，务必填好

"兴趣"和"特长"是简历和应聘报名表中不可或缺的项目之一。很多学生会从"看电影""看体育比赛""读书""听音乐"中选一项填在这栏里。如果写的内容和其他人都一样，那么招聘负责人便无从比较，即使写上去也没有什么意义，这样说并不为过。正如本章开头所述，简历也是一份"问题集"。在这栏里，最好把面试时宜深入展开讨论、最终能够引出自己强项的内容写出来。（见图 4–5）

举个例子，有个学生在特长处写的是"整整齐齐地装好便当"。这样一来，面试官立刻就会抓住这个点进行提问，于是学生解释说：自己从高中时起就一直做便当，开始时做得并不好，但后来不断进步，最后甚至到了非常注重便当的外观这样的程度。最后，学生把自己擅长坚持不懈地做事情、性格严谨稳妥这两个强项也有效地表达了出来。

在这里必须注意，兴趣和特长的内容自不待言，如何表达、如何把它们写好也很重要。上面这个例子同理，如果写的只是"做便当"，或许就无法引起面试官的兴趣了。关键是得让自己的表达带有一定程度的具体性。我自己也是，在"大学时努力做过的事情"这一栏里填的是"独身一人搭车旅行（大学一年级时，花费约 10 个月，征服 47 个都道府县）"。与单单写上"旅行"两个字相比，这样的写法显然更具吸引力。

NG！ 看电影、看体育比赛、读书、听音乐

OK！
· 每年读 40 册左右，以美国文学为主
· 整整齐齐地装好便当
· 用一枚硬币（500 日元）为一家四口准备好晚餐

兴趣和特长不要写得干巴巴的，要让自己的表达带有一定程度的具体性。最好把面试时宜深入展开讨论、能够引出自己强项的内容写出来

图4-5 "兴趣""特长"项的填写方法

4.6 "自我介绍"的标题要有冲击力

求职者所应聘的企业各有不同特点，因此，"自我介绍"部分需表达的事项也不尽相同。但是，填写时需注意的要点都是一样的，即开篇先要立一个标题或题目，表明自己的结论，然后再就此展开说明。（见图 4-6）

负责人一天之内要看很多份简历和应聘报名表，对他们来说，写得密密麻麻的"自我介绍"肯定不讨喜。只有那种逻辑清晰，内容一目了然的，才会让他们产生"要让这个年轻人来面试"的想法。

此前，有一个学生在"自我介绍"的标题处写的是"365 天集训生活"。那个学生通过普通高考进入大学，加入了网球协会。协会其他成员都是以体育生的身份经保送入学的，他当然无论如何都赶不上别人。在整个协会中，他的网球成绩曾经是倒数第二名，但是他心怀"一定要打好"的强烈愿望，在球场附近租了一间公寓，晚上穿着网球球衣睡觉，一早起来之后立刻就去球场训练，切换到了以网球为中心的生活模式之中。以前他一天花在上学路上的时间是 2—3 小时，那之后他把这些时间全部都用在了训练上。据说后来他进步很大，还当上了球队的队长。

这里尤为重要的一点是，这个学生想出了一个有冲击力的标题。"365 天集训生活"，乍一看不太能明白写的是什么意思，所以会让人不知不觉读起后面的文字来。因此，标题一定要写得吸引人。

· 要有标题
· 虽然标题的内容比较一般，但开篇第一句话即能抓住读者，引人关注

自我介绍

从善如流的态度

把端茶倒水做到极致就能去中国，对此我深有体会。大二那年的 10 月，为了解工作第一线的实际情况，我跑到一家 IT 投资公司去实习。

上司 N 先生是一个非常严格的人，不管我认为自己的工作已经做得多么完美，都还是会被他打回来。有一次，他说我在给客人端茶水时做得不好。

于是我做了以下两点：

①为把握客人来访的时间和人数，每天制作访客一览表。
②仔细聆听客人来访的内线传呼和外线电话的声音，知道有客人要来就马上开始行动。

实习结束时，N 先生说："即使是杂事也能认真对待并改进方法，这样的实习生你是第一个。"这让我非常开心。虽然做的只是预订宾馆这样一些杂务，但 N 先生和社长去中国做市场调查时对我说："你必须跟着。"我随行前去，学到了好多东西。

通过这件事我认识到，业务工作自不必说，即使做的是平凡无奇的杂务，只要能够心怀诚意不断改进，就能建立起信任关系。

图4-6 自我介绍范例

4.7 使用左脑语言来写简历和应聘报名表

有的学生没有学过写简历和应聘报名表的方法，他们写出来的资料上几乎很少出现数字，内容抽象，很多地方都只是在叙述自己的意见而已。切记，简历和应聘报名表上要写的并非"意见"，而是"事实"。比如，即使在"自我介绍"处写了"我很有恒心"，那也不过是一己之见罢了。但是，如果写的是"我连续 5 年一直在记日记"，那就称得上是"事实"了。

换个说法，上述"意见"和"事实"也可以说成是"右脑语言"和"左脑语言"。右脑被认为是分管感情的，因此右脑型的人非常喜欢用副词表达。"做得非常努力"就是右脑型的说法。与之相反，左脑负责逻辑思考，因此左脑型的人多使用数字或固有名词、逻辑结构清晰的文字。（见图 4-7）右脑掌管的是想象力等，对于商务工作来说，右脑是不可或缺的，但在写简历和应聘报名表时，需有意识地使用"左脑语言"。

基于以上论述，让我们再做比较。"我一直在努力练习日语"和"我只在新年和盂兰盆节 ① 期间休息过两天，除此以外每天都会花 3 个小时练习日语"，这两种表述之间的区别可谓一目了然。为了让负责人从一群素未谋面的学生中找到自己，让他产生"要在面试时问问看"的想法，必须为之提供更为详细、具体的信息。在填写简历和应聘报名表时，一定要用富含数字的"左脑语言"把"事实"写出来，这样才能更好地把信息传达给阅读者。

---

① 日本盂兰盆节的时间是每年 7 月 15 日前后，各地都会举办法事以祭祀祖先。其间很多公司都会放一个星期左右的假，城市里的人多会返乡探亲。

意见
（右脑语言）

事实
（左脑语言）

我很努力 → · 大学 4 年，我每天坚持学习英语 2 个小时，从无间断。因此，我取得了 TOEIC 800 分的成绩

我体能超好 → · 高中时我一直在校田径队长跑

· 去年的青梅马拉松（30 千米），我的成绩是 1 小时 59 分

多用副词，
表达偏感性

多用数字，
表达偏理性

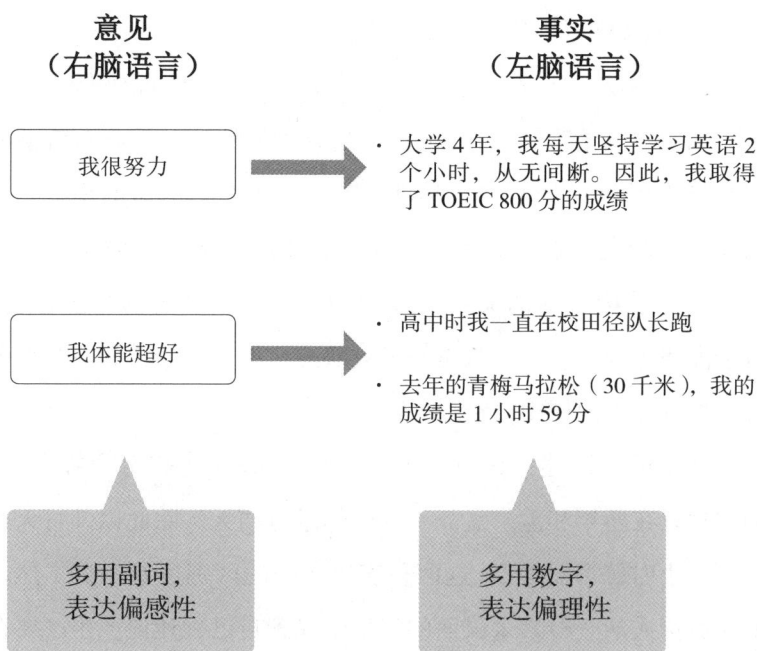

图4-7 "意见"和"事实"的区别

4.8　把要突出强调的内容写在右边

人类身上有各种各样与生俱来的习惯，在看东西时也有某些固定的习惯。下面介绍一下理查德·E.尼斯贝特和蒂姆·威尔逊所做的实验，以举例说明。把 A、B、C、D 4 双长筒袜摆在那里，让被试者们从 A 开始按顺序往下走，根据拿在手里的触感和耐用度等，选出他们"心目中最好的商品"。结果，放在最右边的 D 长筒袜被认为是最好的，然后依次是 C、B、A 这样的排名。认为 D 长筒袜"最好"的人最多，是认为 A 长筒袜"最好"的人数的 4 倍。但实际上，4 双长筒袜是完全一样的商品。可以说，人们存在这样一种倾向：往往会认为位置在右边的东西是更重要的。（见图 4-8）

下面再解释一下"Z 字形法则"。这个法则说的是：在看菜单等物时，人们往往会按照左上、右上、左下、右下这样的顺序来移动视线，就像是用眼睛写一个"Z"字。因此，店家推荐的菜品不宜放在正中间，而应该放在左上、右上、左下、右下这些位置，这样收到的效果更好。

综上所述，人在看东西时很容易形成一些偏颇的看法。在简历和应聘报名表上最受人关注的是姓名和照片。姓名要写得大且规范、认真。此外，在对一个素未谋面的人做出判断时，很大程度上会受该人外貌形象的影响。请参考 4.4 节的内容，拍出能令人心生好感的照片，尽力挑战吧。

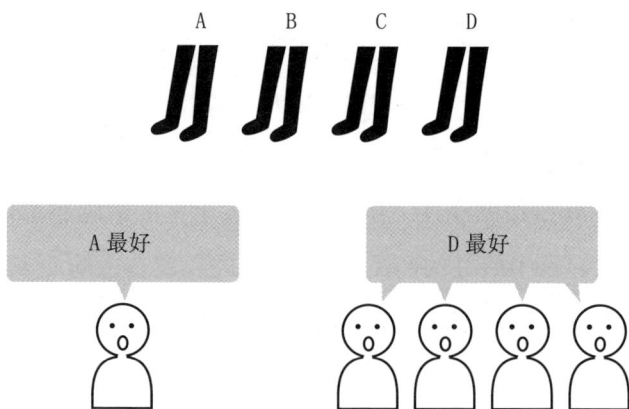

图4-8　把握事物的方式与简历的关键部分

4.9 句子要短，恰当运用「だ・である」体和「です・ます」体

下面讲一下写"自我介绍""求职动机"时需注意的几个关键点。

首先，填写简历和应聘报名表时，要在有限的篇幅内把想表达的事项简明易懂地写出来。但求职者往往容易陷入一种模式，那就是"句子太长，绵延不断"。不要在一个冗长的句子里喋喋不休，下意识写一些长度在 40 个日文字左右的句子。比如「大好物 3 つのうちの 1 つである肉をここ 3 週間食べていないから、今日は肉を食べたい」①这句，其实包括了「今日は肉を食べたい」「ここ 3 週間食べていないから」「大好物の 3 つのうちのひとつ」②3 个部分。

其次，必须恰当运用「だ・である」体（简体）和「です・ます」体（敬体）。原则上来说，日语句子的结尾需统一成这两种文体中的一种。不仅是填简历和应聘报名表时需要注意，在所有的日语文章中都是如此，如果一段论述里面「だ」「である」「であった」与「です」「ます」「でした」混在一起，必会被判为拙劣的日语。

最后，「だ・である」体和「です・ます」体会给对方带来不同的阅读感受。前者让人觉得强硬、坚定；后者则比较柔和，是一种向对方表达敬意的文体。我一直建议女性求职者用「です・ます」体写简历和应聘报名表，以免给对方留下过于强势的印象。使用「です・ます」体这种礼貌的文体之后，就没有必要再刻意使用其他敬语表达了。（见图 4-9）

以上都是一些小小的技巧，除文字本身的内容之外，正是这些细微的表达塑造出了求职者的人物形象。

---

① 中文为"最近这 3 个星期都没有吃我最喜欢的三大食物之一的肉了，所以今天我想吃肉"。（译者注）

② 中文为"今天我想吃肉""因为我最近这 3 个星期都没有吃过""这是我最喜欢的三大食物之一"。（译者注）

句子要短
·句子不能过长 ·要用长度在 40 个日文字左右的短句子来表达

文体统一，「だ·である」体或「です·ます」体二者择一
·「だ」「である」和「です」「ます」不要混用 ·论文或小报告应使用「だ·である」体，但如果女性在 　简历中使用这种文体，则易给人留下过于强势的印

图4-9　写简历时需要注意的文章技巧①

4.10 相邻的 3 句话里不要出现同样的词

　　接着来看一个外国学生经常会忽视的文字表达方面的问题。（见图 4-10）如果连这点都注意到了，那么你的日语一定能够得到快速提升。

　　首先，填写简历和应聘报名表时，外国学生往往会多次使用「私は～と思います」（"我认为……"）这个句式。日语这门语言，即使句子里不出现主语也可达意。因此，如果在第一句话中用了「私は」（"我……"），那么紧跟其后的几句话里就没有必要再出现这个词了。再者，不管什么事情都爱加上「思います」（"认为……"），这种写法也值得商榷。需要注意，相邻的 3 句话里不要使用同一种表达。不要只用「思います」，可以换成「考えています」「感じています」这些同义词；或者像「負けず嫌いな面があると思います」（"我认为自己有不服输的一面"）这样的句子。其实，把「思います」去掉，直接以「負けず嫌いな面があります」（"我有不服输的一面"）结句也可以。

　　不要连续使用同一种表达方式，这点在「～ます」「～です」这样的非过去时表达和「～でした」这样的过去时表达方面也同样适用。如果已经连着 3 次用了以非过去时结句的句子，那么后面应该加一句以过去时结句的，让自己的表达发生一些变化，这样才能越写越好。

　　「の」也一样，连续使用「の」的数量不宜超过 3 个。不要写「大学の水泳部のキャプテンの○○先輩のノート」（"大学的游泳协会的队长的○○学长的笔记"）这样的句子，可以改成「大学の水泳部のキャプテンを務める○○先輩が記録をつけているノート」（"身为大学游泳协会的队长，○○学长一直在记笔记"）。「の」的使用需用心琢磨，避免多个「の」连用。

　　如果日语的表达够漂亮，往往会让对方做出"此人能力很强，能够胜任工作"之类的判断。除上面这些要点之外，大家平时要多下功夫，养成阅读日语文章的习惯，培养日语语感。

不要连用「私は」！

· 日语的特征：即使句子里不出现主语亦可达意

不要连用「思います」！

· 可以用「考えています」「感じています」等近义表达代替，或者干脆不用这类句式，直接结句即可

不要连用「ます」「です」！

· 如果连着 3 句话都以非过去时结句，那么后面可以加一句以过去时结句的句子

连用的「の」不要超过 3 个！

· 可以用动词连体形代替「の」

图4-10　写简历时需要注意的文章技巧②

4.11 避开口语用词及专业术语、行业用语

填写简历和应聘报名表也有"不可使用的词汇"。比如，在日常生活中，有时候会把「アルバイト」（"打工"）说成「バイト」，但在写文章时不可省略，要完完整整地写成「アルバイト」。再有，像「しちゃった」必须改成「してしまった」。这些分别属于和人对话时使用的口语用词和写文章时使用的书面用词，需根据语言表达的情境和对象而恰当、灵活地运用。图4-11列出了代表性的口语用词和与之对应的书面用词。

此外，尽量少用专业术语或行业用语。举个例子，如果有一栏需要你说明自己在大学里学到了哪些东西，那么在填写这部分时一定不要一味地堆砌经济、政治等领域的专业术语。招聘负责人不可能精通所有知识，有时候会理解不了那些专业术语。如果你是理科生，在填写时则需要把你的读者设定为文科哲学系的，做到这种程度即可。如果想把专业术语放上去，可以先以简单的语句进行说明，然后加个括号写上"用本专业的术语来说是……"。此外，在一些服务性行业打工时也会学到一些语句，但这些有可能是面对客人时才会用到的特殊表达。我们经常听到便利店店员说「お弁当にお箸の方をお付けしますか」「1000円からお預かりします」①，但这两句习惯用语中的「の方」和「から」用得并不正确。填写简历和应聘报名表时一定要注意用词恰当。

------

① 「お弁当にお箸の方をお付けしますか」的中文为"您的便当需要加筷子吗"。「方」一词意为"方面"，多用来表示对比或模糊指代。本句中的「の方」属于画蛇添足，没有必要使用。（译者注）

「1000円からお預かりします」的中文为"收您1000日元"，其准确表达应是「1000円をお預かりします」。但据说从日本关西地区开始，在1990年前后，「1000円からお預かりします」的说法日渐流行，店员这样说或许是要表达"我将从这1000日元中留下您应付的钱"的意思。（译者注）

✗ 口语用词	○ 书面用词
バイト ➡	アルバイト
たぶん ➡	おそらく
とっても ➡	とても
だから ➡	ですから・なので
しちゃった・やっちゃった ➡	してしまった
やっぱり・やっぱし ➡	やはり
あんまりにも ➡	あまりにも
あっちこっち ➡	あちらこちら
けど ➡	けれども
ばっかり ➡	ばかり
○って ➡	○とは
僕 ➡	私

图4-11　口语用词与书面用词

4.12 无须使用尊他语或自谦语，但「あなたの会社」这类表达不可

　　填写简历和应聘报名表时无须使用尊他语或自谦语。有的求职者很想写得正式、有礼，于是不知不觉就用上了尊他语或自谦语，我见过很多这样的案例，其中尤以外国学生为甚。举例来看，「アルバイトで○○という人に接客させていただきました」（"打工时，我曾奉命为……这个人服务过"）这样的敬语表达，用在简历和应聘报名表是不恰当的。这是受打工时必须以敬语待客这一意识的影响，直接把该意识搬到了文字表达中。但简历和应聘报名表上要写的是"事实"，没有必要通过用词来向对方表达敬意。

　　不过，简历和应聘报名表中唯有一个地方必须使用敬语，那就是在指称对方企业的时候。在申请原因处要写「あなたの会社の○○という方針に共感しました」（"对你们公司的○○方针深表赞同"）这类内容时，不能写成「あなたの会社」，应该写成「貴社」。但是，口头交流说到对方企业时则应称之为「御社」。也就是说，书面表达时用「貴社」，口头交流时用「御社」。再者，「社」的部分应随对方企业性质的不同而改变。如果是银行，应称之为「貴行」「御行」；如果是学校，就称之为「貴校」「御校」。一些代表性的说法见表4–1。

　　另外，企业一方在指称自己公司时会使用「当社」「弊社」的说法。这两个词的用法不是根据书面语和口语来区分的，而是当和对方处于同等地位时用「当社」，当要压低自己，向对方表达自己的谦逊之意时用「弊社」。请注意，这里「社」的部分也需随企业形式的不同而改变。

表4-1 求职时用来称呼对方企业的表达

企业形式	口语用词	书面用词
公司	御社	貴社
银行	御行	貴行
信用金库	御庫（御金庫）	貴庫（貴金庫）
学校	御校	貴校
学园	御学園	貴学園
学院	御学院	貴学院
医院	御院	貴院
省厅	御省	貴省
行会	御組合	貴組合
协会	御会（御協会）	貴会（貴協会）

4.13 换工作时需提交的"工作经历"的写法

日企在招聘应届毕业生时看重的是学生的人品，但在社招时转而关注应聘者的经验和技能，希望了解他们在此前的工作中都做过什么，学到了何种技术，等等。为此，在换工作时，除简历之外，企业还会让求职者提交一份"工作经历表"（「職務経歴書」）。

工作经历上面需要详细论述以下问题：自己以前的工作单位是哪里，在那里从事何种工作，取得了怎样的工作成果。（见图4-12）下面一条一条来讲。

首先，开篇要简单介绍自己的工作经历。其次，将自己曾在哪个公司哪个部门任职，按照时间顺序依次写明。如果中间变更过部门或是子公司，也需一一列明。最后，简要概括自己在各个工作单位做过的事情。如要介绍工作单位的概况（行业、资本金、职工人数），具体写明自己所从事的工作内容。如果在工作中做出了业绩，一定要写上去，不要谦虚。如果只在一家公司工作过，但曾经有过中长期的实习经历，那么也可以填写实习的内容。

除上述工作经验外，还需列明自己的资格证或技能。企业希望了解求职者的日语水平，如果拿到了相关资格证一定要写上去。还要写明自己掌握的电脑技能，比如曾经用过的操作系统，能够操作的软件等。某些岗位还会对专业技能有所要求。最后是自我推介，阐明基于此前的经验自己能够驾驭哪些方面的工作，以此结束全文。

工作经历   20××年×月×日
姓名：阮文胜

■工作概况
　　我在大学毕业后到×××会社工作。这是一家销售工业设备（发电机等）和农机具（联合收割机等）的公司。我主要负责网站管理。比如在公司发售新产品时，我会撰文说明，拍摄照片，把产品信息上传到专门的网站上。

■工作经历简介

期间	公司名称和部门
20××年×月—20××年×月	×××会社××部××课

■工作经历
　　××会社
　　（主营业务：工业设备和农机具的进口、销售，职工数：约20人）

20××年×月—20××年×月　工作内容：网站管理	
【项目概要】 公司网站管理 【负责的环节】 管理、细节设计 【工作内容】 ·管理网站内容 ·制作新产品的网页	【掌握的知识、技能】 网站管理的经验【OS】、 Window 7、Window XP 【语言】 HTML/CSS、PHP、 Javascript、jQuery、SQL

■资格证书
日语 NAT-TEST 4级（20××年×月取得）

■专业技术、技能
PHP、C#、SQL（现正在学习 Java 语言）

■擅长的科目、领域
网站、软件制作

■自我介绍
　　在大学里学习了 PHP、SQL、C# 等，上学时管理过体育新闻方面的网站。毕业之后从事网站管理工作，专业技能得到进一步提升。非常希望能够在贵公司发挥自己的技术特长，在充分沟通、交流的基础上提高企划质量，为公司发展做出贡献。

图 4-12　工作经历的写法举例

4.14 注意那些容易出错的日语表达和助词

以上对简历和应聘报名表的写法做了大致说明。下面介绍几个外国学生容易出错的事例。

首先，不要用铅笔或彩色圆珠笔填简历，请使用黑色圆珠笔。其次，注意不要污损或折叠文件，否则会给人留下草率、鲁莽的印象。最后，邮寄时，信封上的收件人处，如果是寄给个人，需写成「○○様」；如果是寄给部门，需写成「○○御中」。不要只寄应聘的文件，还应随附一封信件寄送说明。

在简历的内容方面，要注意以下几点。①注意那些与敬语相关的表达。在应聘原因处，本来应该写的是「お客様のニーズに応えていきたい」（"努力满足客户需求"），结果却写成了「お客さん」；结尾时画蛇添足，加上「最後まで読んでいただきありがとうございました」（"承蒙您读到最后，非常感谢"）这样一句，纯属多余。这些都是不应出现的失误。②用片假名写的词也容易出错，像把「スピード」误写成「スピート」，把「パフォーマンス」误写成「パフォマンス」。③助词的遗漏和误用也是常见的错误。比如「趣味はK-POP 歌詞を比較」（"我的兴趣是对比 K–POP 歌词"）这句，应该是「K-POP の歌詞」；「粘り強さが持っています」（"我很有耐心"）中的「が」用得不对，应该是「を」。④还有的简历里动词用得不自然，这类例子也不少。比如该写「経験を積みました」（"积累了经验"）的地方写成了「貯めました」；把「この仕事が合っている」（"这份工作很适合"）写成了「この仕事が似合う」。（见图 4–13）

好不容易写好的简历和应聘报名表，如果上面存在日语表达错误，那就太可惜了。因此写好后，不仅自己要反复检查，还应找懂日语的人帮忙修改。

	✕	〇
①与敬语相关的表达	お客さん	お客様
	御社（話し言葉では OK）	貴社
②片假名词汇	スピート	スピード
	パフォマンス	パフォーマンス
③助词	K-POP 歌詞	K-POP の歌詞
	根性と粘り強さが持っています	根性と粘り強さを持っています
④动词	いろいろな経験を貯めました	いろいろな経験を積みました
	体力を成長することができました	体力をつけることができました
	素敵な思い出になれると思います	素敵な思い出になると思います
	記憶力が得意です	記憶をすることが得意です
	貴社で務む	貴社で勤める
	この仕事が似合うと思います	この仕事が合っていると思います
	旅行は自分の知識を豊富されます	旅行は自分の知識を豊かにします（してくれます）
	部員の意見をまとめしました	部員の意見をまとめました

合作者：长崎外国语大学 宫崎聡子老师

图4-13　填写文件表格时易错的日语表达

4.15　用"写作水平评估表"检测完成情况

简历和应聘报名表大致写完之后，请用"写作水平评估表"来检测完成度。"写作水平评估表"分形式方面和内容方面两部分，每部分各列出了 10 项评价要点，形式方面共 40 分，内容方面共 60 分，两部分合起来是 100 分。（见表 4-2）

形式方面的检查要点有"开篇是否巧妙？是否能吸引人一直读到最后？""是否连用了 3 个以上的「の」？""文章是否统一用了「だ・である」体或「です・ます」体？"等，对简历和应聘报名表的基础写法进行检查。这里再讲一下"指示代词或连词用得是否正确？"这项。指示代词指的是「この」「その」「あの」等指代某人或某事、某物的词。连词指的是「しかし」「そのため」等连接相邻的两个句子或段落的词。请检查这两类词用得是否正确、是否用得太多或是太少。内容方面是从一贯性、选材力、客观性、可信度、独特性、五感性、逻辑性、结构力、共感性、说服力这 10 个要点入手，对简历和应聘报名表进行测评。

把"写作水平评估表"交给身边那些能够对自己的简历和应聘报名表的内容做出恰当评价的人，比如学校老师或是打工地方的店长等，拜托他们来打分。不断完善内容，争取拿到 80 分以上。

表4-2　写作水平评估表

	评价要点	分数	读者A	读者B
形式方面	①手写版书写是否规范、认真？字体大小、颜色浓淡是否合适？电子版排版是否规范、便于阅读？是否存在汉字输入错误？	4		
	②开篇是否巧妙？是否能吸引人一直读到最后？	4		
	③在转换主题或转变论述内容时是否已经另起一行？	4		
	④是否连用了3个以上的「の」？	4		
	⑤文体是否统一用了「だ・である」体或「です・ます」体？	4		
	⑥是否用了太多次「である」和「と思います」？	4		
	⑦单个句子的长度是否超过了40个日文字？	4		
	⑧指示代词或连词用得是否正确？	4		
	⑩能否使用数字或固有名词做出具体说明？	4		
	合计	40		
内容方面	·一贯性：全文是否有统一的主题结构？	6		
	·选材力：是否写出了自己亲身经历过的事情？	6		
	·客观性：要写的不是感想，而是具体事实，是否做到了这一点？	6		
	·可信度：内容是否真实可信？是否有数据或经验支撑？	6		
	·独特性：所采用的视点是否独特？	6		
	·五感性：是否从颜色、声音、味道等方面做了绘声绘色的表达？	6		
	·逻辑性：表达是否有逻辑性，是否能让读者信服？	6		
	·结构力：行文结构是否能吸引读者？	6		
	·共感性：内容和文字表达是否能够深入读者内心？	6		
	·说力力：招聘负责人读过之后是否会产生"要让这个年轻人来面试"的想法？	6		
	合计	60		
总分		100		

60分以下→再修改，站在对方的立场上思考，写出便于对方理解的文章
60分以上→或许尚未能充分表达出你性格中的优点
70分以上→"有时间的话"很有可能会叫你来面试
80分以上→你申请的企业会对你非常感兴趣

5.1 "逻辑思维能力"和"礼仪"的必要性

企业先浏览一遍简历及应聘报名表，然后把有意向的学生邀请来面试，通过谈话来判断学生是什么样的人。面试官依据简历、应聘报名表上的字面信息进行提问，以此判断学生的性格，以及是否具备在企业取得业绩的思考能力和行为特征。除此之外，还会考查学生的"逻辑思维能力"和"礼仪"。（见图 5-1）

"逻辑思维能力"是与面试官交谈时不可缺少的能力。没有逻辑思维能力，就不能理解对方提出问题的意图，或者答非所问，或者不知所云。这样的面试基本是不会成功的。

面试时要有起码的"礼仪"。礼仪有形式上的，也有实质性的。形式上的礼仪指显露在外的言行举止，比如是否看着对方说话，语言是否清晰流畅，举止是否端庄得体，等等。实质性的礼仪指发自内心的尊重，比如是否对对方心存敬意，语言是否出于真心、不做作，等等。

"逻辑思维能力"和"礼仪"不仅在面试时需要，在与人的日常交往中也是必需的。如果平日多加注意，面试时自然会水到渠成。

通过面试判断简历中体现
不出来的学生品性

学生所需能力

逻辑思维能力

正确理解对方的提问意图，
通俗易懂地回答对方

礼仪

— 形式
・看着对方的脸说话
・语言清晰、流畅
・姿态端庄

— 真心
・心存敬意
・用心、自然
・不说令对方不愉快的事

图5-1　面试要点

5.2 面试开始和结束的重要性

某个最新研究表明，最初的 0.2 秒的瞬间决定了给对方的印象。我做播音员时曾被教导过，节目刚开始的 3—5 秒给听众留下的印象，会一直持续到后面的 30 分钟。也就是说，刚开始获得的信息，会比之后得到的新信息保留得更长久，心理学称之为"首因效应"（或"第一印象效应"）。

与此相反，日本有一句谚语，意思是"结尾好一切都好"。说的是无论经历多少辛苦，结局好的事情就是好事情。这句话与心理学中以高峰和结束时来评价事情的"峰终定律"①有异曲同工之效。

以上两点同样适用于面试。面试开始时和结束时的言行，基本决定了面试人员对面试者的印象。正因如此，大家要有意识地认真对待面试的开始和结束。有句话说："影响他人的唯一办法就是给予他想要的东西。"②给企业留下一个"礼貌而朝气蓬勃"的印象，是面试者的底线。（见图 5-2）

在礼貌地问候、自我介绍后，随意的闲聊对提高第一印象也很有成效。可以看对方的心情，说些天气、房间的温度等无关紧要的话题，若能得到对方的共鸣，则会大大缩短彼此间的距离。

---

① 诺贝尔奖得主、心理学家丹尼尔·卡内曼经过深入研究，发现对体验的记忆由两个因素决定：高峰（无论是正向的还是负向的）时与结束时的感觉，这就是"峰终定律"。（译者注）

② 出自卡内基的 *How To Win Friends & Influence People*，中译本名为《人性的弱点：如何赢得友谊并影响他人》。日译本名为『人を動かす』（创元社 1999 年出版）。（译者注）

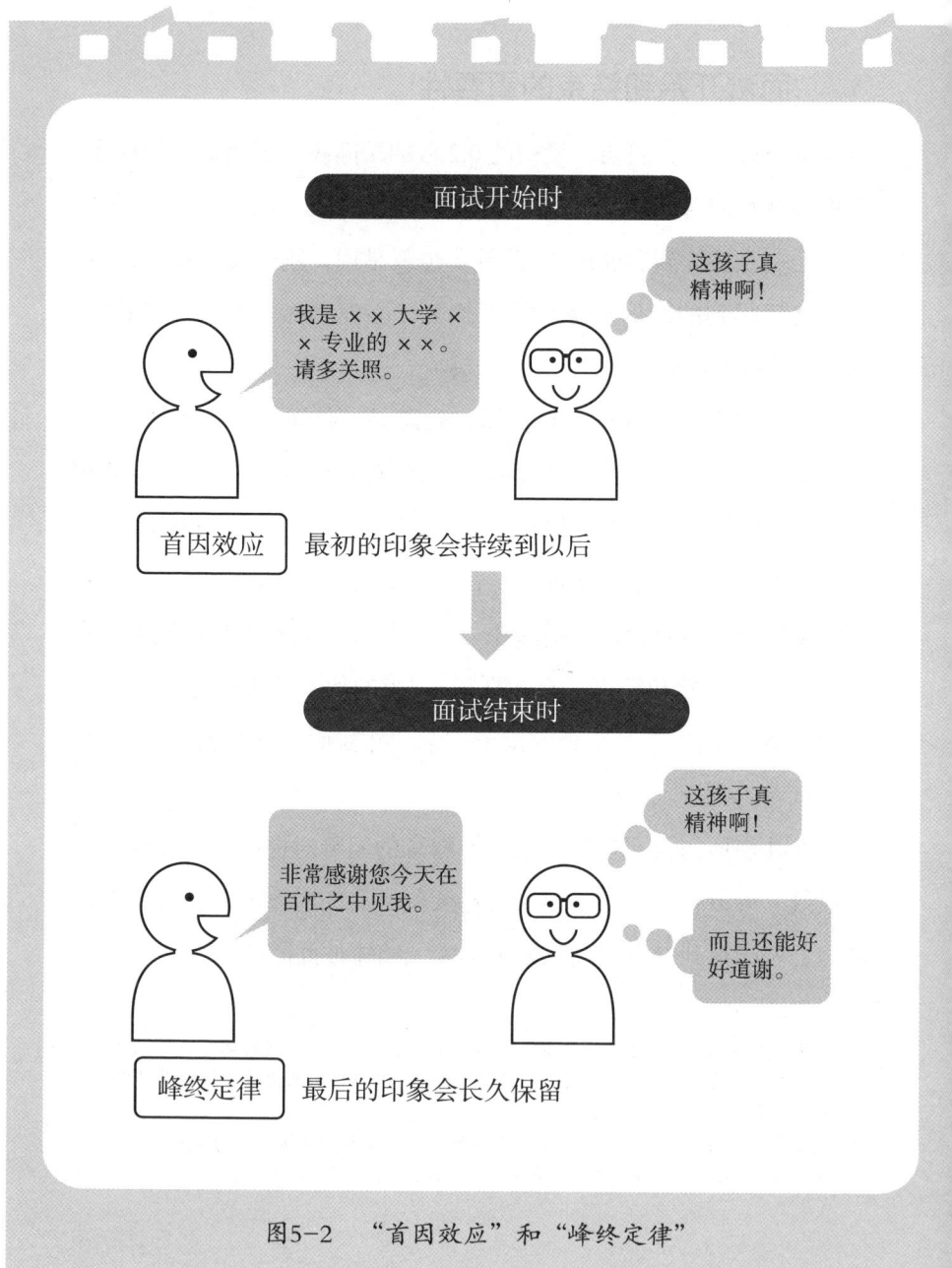

图5-2 "首因效应"和"峰终定律"

5.3 坦诚告诉面试人员"我很紧张"

无论做了多少准备，面试前都会紧张的，但紧张状态下面试就会不顺利吗？哈佛商学院副教授艾莉森·伍德·布鲁克斯做过一个关于紧张与表现的关系的实验。她分别给需要进行 2 分钟演讲的 3 组被试学生以不同的建议。让 A 组在上场前对自己说"我很平静"，让 B 组在上场前对自己说"我很兴奋"，而让 C 组按平常一样开始。结果观众评价 B 组的演讲最有说服力。从这个实验结果得知，不去勉强压抑紧张的心情，以本有的状态出场，会得到更好的结果。（见图 5-3）

很多学生说"因为面试将决定我以后的人生，所以很紧张"。面试前如果感到紧张，不妨换个思路，把紧张当作朋友而不是敌人，并把你的紧张告诉面试官。如面试开始时就坦率承认"贵公司是我的第一志愿，我可能会激动得语无伦次，但我会努力的"。但像"我太紧张了，对不起""今天有点紧张，可能说得不太好……"这样消极的说法，还是避开为好。

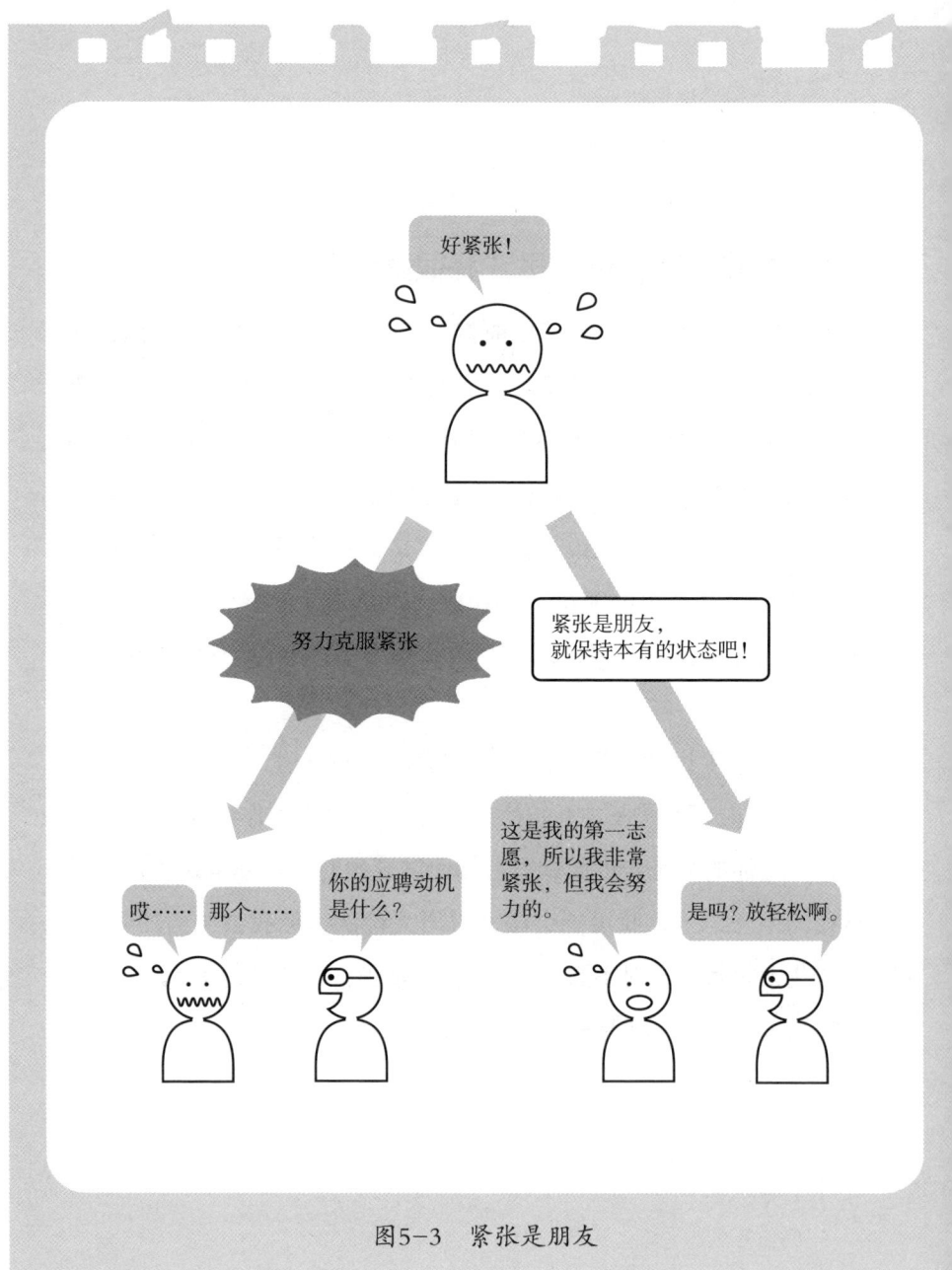

图5-3 紧张是朋友

5.4　紧张是朋友而不是敌人

有的学生担心面试时紧张，会在面试前做精心的准备或进行想象训练[1]。这样做虽不坏，但一紧张大脑就空白这个问题总要想办法解决。不妨试试下面两个办法。

第一个办法是"携带写有关键词的纸条"。把进行自我介绍或阐述应聘动机时要说的关键词预先写在纸上，并带到面试会场。你也可以把过去的经历画成连环画或演示册，连同照片、视频等都存入笔记本电脑带过去。当面试过于紧张时，可以提出请求，例如："我大脑一片空白，能不能请您看看这些？"然后一边展示图片一边进行说明。

第二个办法是"积累经验，习惯面试"。很多学生说"我面试时一说话就紧张，但平时与朋友、家人讲话时应该是不紧张的"。紧张是因为不习惯面试这种场合，解决的办法只能是积累实战经验。如多参加几家公司的面试，或者拜托学校的老师等进行模拟面试。此外，还需补充的一点是，不要一开始就参加第一志愿的企业的面试，建议先参加几次其他企业的，在实际的面试中多多学习，然后再去真正想去的企业面试。（见图 5–4）

---

[1] 想象训练，也称表象训练、意象训练，是指利用适宜的感觉，以及和经验有关的情绪或心境状态在头脑中进行演练。如重现过去的经验，创造新的形象或情境。（译者注）

① 携带写有关键词的纸条

· 为防止忘记要说的内容，可事先在纸条上列出关键词，也可以制作演示稿，一边展示图片或自己的作品一边进行说明

② 积累经验，习惯面试

· 提高演讲演示能力，"学习不如适应"，参加多个企业的面试，或请学校的老师等进行模拟面试

不要把第一志愿的面试放在第一个进行!

图5-4　应对紧张的策略

5.5 注意"连词"的使用

你有没有在和人说话时很在意对方的小动作呢？如果在交谈过程中频繁地摸头发，或者声音太小，面试官会分散注意力，无法专注于你讲的内容。大家应有意识地改正这样的小毛病。其中，发声方式也很重要。音调应比平时高些（用"so"或"ra"的音调），音量稍大点，吐字清晰，这样才能引起对方的注意。此外，听人讲话时的表情也很重要。在努力倾听他人讲话时，表情容易变得严肃凝重，大家应对此引起注意。（见图 5-5）

说话方式也应注意。外国学生说日语时免不了有些生硬，其中有一点是要正确使用接续词。像「なぜなら」（"原因在于"）、「したがって」（"因此"）、「ということは」（"这么说是因为"）、「反対に」（"相反地"）等接续词的后面往往伴随话题的核心内容。为此，当面试人员听到某个接续词时，会自然地期待接下来的内容。如果你用了「ということは肉を食べに行きましょうか」（"这就是说，我们去吃肉吧"）这样错误的用法，面试官听了会很失望。（接着前面的话，想表达去吃肉好像很不错这样的想法时，应该使用接续词「では」或者「それでは」。）此外，回答问题时应避免想到哪儿说到哪儿，显得很啰唆。最好简明扼要、条理清晰地推进话题。如果不能马上有逻辑地组织好语言，可以请对方稍等一会儿，如"请给我 30 秒的时间"，想好后再开始说。

声音洪亮，音调激昂！

面试时，以比平时高的音调、稍微大点的声音讲话，这样能够吸引对方的注意力。演讲演示时，"so"音和"ra"音的高度最为合适

注意倾听时的表情！

注意在努力听对方说话时，表情不要很严肃

正确使用接续词！

当听到「なぜなら」「したがって」「ということは」「反对に」（"原因在于""因此""这么说是因为""相反地"）等接续词时，面试官会期待后面的"结论"

不要啰里啰唆！

避免想到哪儿就说到哪儿，讲话要简明扼要、条理清晰

图5-5　注意说话、倾听时的不良习惯

5.6 语速 1 分钟 300 字

在和人交谈时，要考虑说话的速度。新闻主持人的语速非常快，每分钟 400 字左右。说话慢的人大概 1 分钟 250 字。面试时，以 1 分钟 300 字的速度正合适。只是，一般没有人会按每分钟规定好了的字数去说，把这当作大概的标准就好。

说话时的停顿也很重要。所谓停顿，是指不发出任何声音的说话人与听话人的换气间歇。停顿要在谈话告一段落时进行。如果像「それはこういうことで……ありまして」（"就是……这么回事"），在并不需要断开的地方断开，会让听的人感到很别扭。面试官能够理解外国学生在日语上的劣势，但大家还是应该尽量在告一段落时停顿。一句一句地顿开也是可以的，但用"啊""哎"频繁地代替停顿，会使听的人感到很累，应尽量改正。（见图 5-6）

此外，有学生会事先把想好的内容全背下来，面试时原封不动地照搬，这样会显得机械且不自然。其实，事先只记住答案的关键词即可。面试时如果大脑一片空白，建议按前文提到的办法，边看笔记边说。

用比播音员稍微缓慢的语速讲话！

新闻节目里播音员的语速很快，1分钟400字左右。面试时，1分钟300字左右正好

中途有"停顿"！

在内容告一段落时停顿。可以一句一停顿，避免过多使用"啊""哎"等语气词

不要死记硬背稿子！

事先把稿子全背下来讲会很不自然。事先记住答案的关键词就好，比起回答时不出错，饱含感情地表达更为重要

图5-6 注意说话中的"停顿"

5.7　面试的流程和公司面试的意图

在被一家公司录用之前，需要参加其组织的两三场面试。各场面试的内容不同，进行什么样的面试也因公司而异。（见图 5-7）下面按顺序对面试的主要流程进行说明。

首先，第一场面试多是小组面试，即由 2 名面试官同时面试 2—5 名学生。面试官通过学生的应答内容来获取对学生的印象。在这场面试中，请展现出自己"开朗""健康""坦诚"的一面。

最近，小组讨论的面试方式有所增加。小组讨论面试时，1 名面试人员能够同时观察 5 名学生。对于想见到很多学生的企业来说，这种方式很合适。在小组讨论时，也应和小组面试时一样，要展现出你"开朗""健康""坦诚"的一面。除此之外，如果你还给对方留下了"善于倾听""具备语言理解能力""具备团队组织能力"的印象，那就更完美了。

这两场面试多由企业的一般职员负责，之后的人事面试则由人事部门的招聘专家负责。这是最难的一关，一般要花 30 分钟到 1 个小时。人事负责人事后要向企业领导汇报为什么选择这名学生，所以会认真考察面试的学生，了解其谈话是否具备一贯性和条理性，有什么样的潜能，看重什么，以及应聘动机是什么。

最后是企业领导的面试。这时应表现出你对公司的"执着"。当看到你的诚意，企业领导或许就会想起自己年轻的时候，从而不由得想帮你一把。

小组面试

2 名面试官面试 2—5 名学生。用人单位从学生的应答中形成对学生的印象

小组讨论

1 名面试官同时面试 5 名学生。从中了解学生，看其是否具备突出于他人的优点

人事部门面试（多在第二场面试以后进行）

由招聘专家负责，1—2 名面试官面试 1 名学生。时间为 30 分钟至 1 个小时。从中判断学生说话一贯性、条理性

领导面试（最后的面试）

企业领导亲自进行面试，从中判断学生是否喜欢公司，是否对公司怀有热情

图5-7　面试的流程和公司面试的意图

5.8   面试常见的具体问题

有面试官说："七八成的学生在回答问题时并没有理解提问者的真正意图。"其实这些问题的内容一般是固定的，可以事先想好如何回答。

以图 5-8 为例，我来举几个容易让人犹疑不决的问题。"⑨多年后，你想变成什么样的人"这个问题令很多学生不知如何回答。很少有学生制订了"5 年后"或者"10 年后"的目标。对此问题，请提前做好准备，结合社会、经济形势分析一下 5 年后或 10 年后，公司将变成什么样，自己会从事什么样的工作，以便能够做出具体的回答。还有，"⑩讲述你失败的经历以及你是如何克服的"是一个不太好回答的问题，因为对此问题的回答的评价取决于面试官的主观意识，但不管如何，要事先备好答案，以便届时能明确地做出回答。

"⑬本公司是否为你的第一志愿"，对这个问题，很多学生即使不是第一志愿也会回答"是第一志愿"。这种情况下，回答"属于第一志愿组里的"比较好。该回答是揣摩面试官的心思后做出的回答。"⑭你求职时的核心原则（指选择职业时看重的事情）"，就是在问你选择公司时看重的是什么。此外，在面试的最后，一定会有个反向提问的环节。有问题的话就提问，但如果没有问题，说"没有"就离开则会显得有些落寞。这时，你可以把在面试中忘记说的或说得不充分的事情加以补充，如："刚才有说漏了的事情，可以再给我 30 秒吗？"面试人员会因此感受到你对公司的执着和热情。

关于自己

①进行自我介绍（自我推介）

②学生时代花力气做的事情是什么

③你的长处和短处是什么

④你的性格如何

⑤你在研讨课上学了什么

⑥学生时代的收获是什么

⑦身边的人认为你是什么样的人

⑧是否有发挥领导力的经历

⑨多年后，你想变成什么样的人

⑩讲述你失败的经历以及你是如何克服的

关于工作

⑪你的应聘动机

⑫对你来说工作是什么

⑬本公司是否为你的第一志愿

⑭你求职时的核心原则（指选择职业时看重的事情）

⑮你的职业规划（或人生规划）

图5-8　常被提问的问题

5.9 善于倾听的 10 个要点

　　面试是学生和面试官的交流时间。所谓"善谈必善听"，倾听对方说话是十分重要的。为了实现更有效的交流，这里给大家介绍 10 个倾听的要点。（见图 5–9）

　　①试着模仿对方说话的节奏和手势。不仅要用耳朵，还要用眼睛和心灵去听对方讲话。②不要用"但是""可是"来否定对方的话。如果一定要否定对方的观点，应先说"Yes, but"＝「それもそうだけど」（"话虽如此"）、「確かに」（"的确如此，但是"），然后再阐述自己的看法。③通过"点头""随声附和"来表明自己明白对方的意思。对方认为你认可自己的话，也会认真地听你说。④原则上不打断对方的话。如果对方已连续说了 2 分钟以上，可以先说「途中でいいですか」（"打扰一下可以吗？"）来插话。⑤提问时，要注意"5W1H"（Who "谁"、When "何时"、Where "在哪里"、What "什么"、Why "为什么"、How "怎么样"）。⑥做出与对方一致的表情来表示赞成对方的观点。⑦将身体朝向对方，表示明白对方的意思。⑧在谈话时，插入「そうなんですね」（"是这样啊"）等表示同意的词，以表示对对方的话很感兴趣。⑨要和对方目光交汇。⑩要考虑怎么做会使对方开心，以真心倾听对方的话。

①模仿对方说话的节奏和手势

②不用"但是""可是"来否定对方的话

③点头，随声附和

④不在中途打断对方的话

⑤用"5W1H"提问，深入话题

⑥做出与对方一致的表情

⑦身体朝向说话人的方向

⑧用表示同意的词表示你对对方的话很感兴趣

⑨目光交汇

⑩真心实意地聆听（为能聆听到对方讲话表示感激）

这些是在交流时，使说话人感到愉快的倾听要点。为了能在面试时达到更好的交流效果，请在平日里多加注意

图5-9　善于倾听的10个要点

5.10　有一技之长不如踏实稳重的性格

面试理应是公正的，但面试官也是普通人，有自己的主观判断。另外，日企的性质有其独特之处，在录用学生的方法上也存在一些特殊的倾向。下面从服部泰宏的《录用学》(新潮社 2016 年版)中摘录几点。(见图 5-10)

首先，许多面试官会在面试开始后的 4 分钟内决定是否录用。这一点对一开始胆怯，之后才进入状态的学生不太有利。应记住，"开端决胜负"，瞬间爆发力对面试很重要。

其次，比起选拔优秀的人才，企业更担心因判断失误而录用了不优秀的人。为避免出现这个现象，在遴选人才时倾向于采用"扣分方式"。这在以长期雇佣为目标的日企中较为多见。比起让人惊叹"这年轻人真厉害啊"但同时有明显缺点的学生，性格易融入公司、懂得体贴，同时有几个小优点的踏实的学生得到的评价更高。也就是说，企业更青睐踏实稳重的学生。

最后，和面试原本没有关系的动作、眼神、表情、服装、外貌、化妆等也会影响录用结果。这几个方面也要注意。建议过度肥胖的学生在面试前一定要瘦下来。如果因为肥胖而被怀疑"身体都没能管理好，能做好工作吗"的话，就太不值得了。

面试开始后的 4 分钟内决定是否录用

遴选时倾向于采取"扣分方式"

外部要素对遴选人才的影响

图5-10 面试存在的问题

5.11　进门、出门的动作应完整

面试官在面试时观察的不仅是面试者的品性，在整个面试过程中，面试者的仪表、姿态和动作都会受到关注。这里介绍一下进门、出门的方法。（见图 5-11）

首先，进门时要先敲门，说声「失礼します」（"打扰了"），之后再开门。进去后鞠躬，然后打招呼说「こんにちは。○○大学の△△です。本日はよろしくお願いいたします」（"您好，我是××大学的××，今天请多关照"）。姓和名之间要稍微空一下。当面试官让你坐下时，把包放在椅子右侧，鞠躬、就座。

其次，离开房间时，从椅子上站起来，鞠躬，说「ありがとうございました」（"谢谢"），拿起包走到门前，再次鞠躬，说「失礼しました」（"打扰了"），然后离开。

应记住这一连串的动作，进行练习，让动作达到流畅自然。万一面试时弄错了顺序也不要慌，企业一般也不会因此而不录取你，应沉着应对。

最后，教大家一个让动作看起来更漂亮的诀窍，即给每个动作画上句号。比如，不要一边开门一边鞠躬，而是先开门，关门之后再鞠躬。不要一边鞠躬一边打招呼，而是在鞠躬之后再打招呼。如此这般。鞠躬时，比起晃悠悠地弯身、起身，不如迅速弯身，弯到需要的程度停下，然后再慢慢起身看起来更漂亮。

进门时

①敲门

③关门后鞠躬，然后打招呼："您好！我是 ×× 大学的 ××。今天拜托了。"
※ 这时可以再鞠一躬。和面试官目光对接后，自然地打招呼："初次见面，请多关照。"

④等待面试官的指令

⑤从椅子的后面绕到前面
※ 避免从椅子的前面过

②说声"打扰了"之后再开门

⑥包放在椅子的右侧，并鞠躬

⑦就座

①起身，鞠躬，说"谢谢"

②快速拿起包

③从椅子的后面绕过

④门前再鞠一躬，说"打扰了"，退出

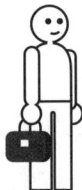

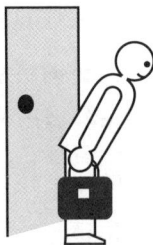

包的尺寸以可放入 A4 文件为基准，便于立放在椅子旁边，也利于快速拿出记事本、笔、文件、资料等

图5-11　进门、出门的动作要完整

5.12 日企遴选人才时重视的能力

学生有各种类型，那么招聘人员在遴选人才时会重视哪些能力呢？这里介绍一组调查数据。2018年「マイナビ」[①]的校招预计录用调查，调查了1.5节提到的"共同体成员基本能力"12个要素中企业所重视的要素。从图5–12可知，主体性、执行力、传播力、倾听力、纪律性这几项都占了较高的比例。2017年和2018年两个年度几乎没有差异，过去的数据也显示了相同的结果。这表明，日企多年来一贯重视这几项能力。

由于日本人过于重视"和"的精神，说话办事凸显主体性的人不多。但随着全球化的进展和社会的不断变化，很多企业需要能够独立思考、积极性高的员工。特别对于外国学生，日企更期待他们具有主动推进工作进展的主体性。因此，在面试的自我介绍环节，强调这一点会更有利。

此外，传播力、倾听力，即交际能力，实际上是"相对容易改变"的能力。心理学认为这种能力能够通过努力得以提升，但面试官认为交际能力是与生俱来的，他们通常对擅长讲话的学生抱有好感。虽然我不赞成这一点，但有些面试官的确在面试外国学生时会把"日语好"和"会工作"画上等号。

---

① 株式会社マイナビ（Mynavi Corporation）是日本的大型人才广告公司，以提供就业、跳槽、升学信息，以及人才派遣、人才介绍为主要业务。「マイナビ」的全称是「毎日就職ナビ（まいにちしゅうしょくなび）」取「まいにちしゅうしょく」的开头两个假名「まい」，然后改写为片假名「マイ」，再把「マイ」和「ナビ」合并为「マイナビ」。「毎日就職ナビ」是"每日就职导航"的意思。

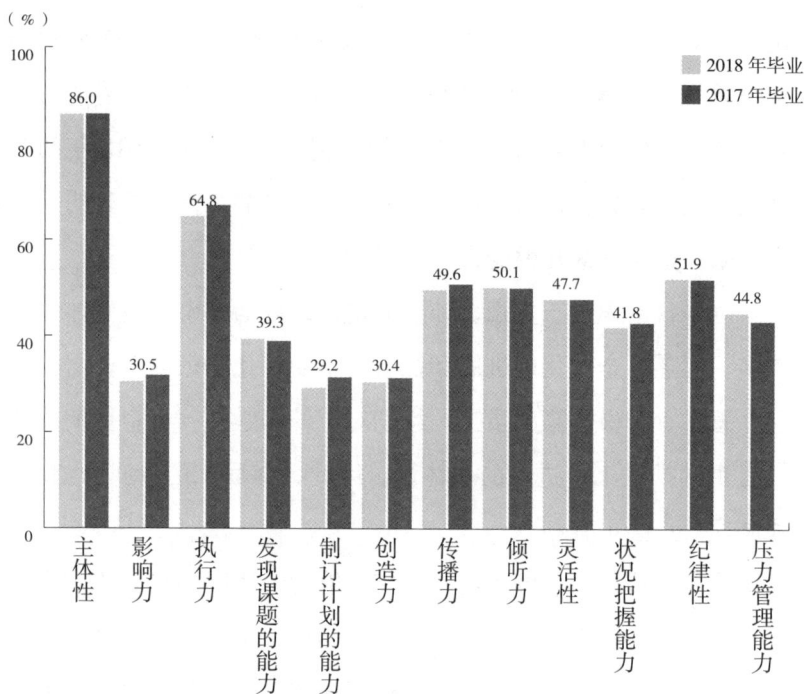

（%）

- 2018 年毕业
- 2017 年毕业

能力	数值
主体性	86.0
影响力	30.5
执行力	64.8
发现课题的能力	39.3
制订计划的能力	29.2
创造力	30.4
传播力	49.6
倾听力	50.1
灵活性	47.7
状况把握能力	41.8
纪律性	51.9
压力管理能力	44.8

出处：每日就职导航"2018 年毕业生每日就职导航企业应届毕业生预计录用调查"、"工作必备基本素质和能力的调查"、12 个要素中"遴选时重视的能力"

图5-12　日企遴选人才时重视的能力

5.13   小组讨论的方法和作用

近几年，企业在面试中经常采用小组讨论的方式。小组讨论即多人围绕一个主题进行讨论。很多情况下，要求在规定时间内由小组代表发表结论。小组讨论的主题几乎都是难分黑白的内容，因此面试中重要的不是看你是否能找到正确答案，而是看你的说话方式、倾听方式，以及与周围成员的合作性。比起新奇的观点，更看重你是否把握了讨论的流程，是否阐述出有逻辑的观点。因此，在小组讨论中，理解事物本质的能力、迅速抓住对方观点的能力、把握讨论方向的能力是必需的。（见图5-13）

小组讨论中有多个角色，但基本上是先定下"主持人"。主持人负责讨论的顺利进行。此外还有记录大家意见、制作发表原稿的"书记"、提出时间分配方案的"时间管理员"、最后在全体人员面前发表的"发表者"等角色。如果成员都没有决定负责哪个角色，你可以发言做主持人。一旦主持人定下了，其他角色也就好分配了，讨论也会顺利地进行下去。

我的建议是主持人"在小组讨论开始之前，让大家先做自我介绍"。这样一来，面试官会认可你的主体性和积极性。如果像"如……所说"那样，引用某人的话进行发言，讨论会更热烈。

什么是小组讨论

· 几个人在 20—40 分钟内就给予的话题进行讨论
· 到了规定时间，小组代表进行发言
· 重要的不是找到正确答案，而是说话方式、倾听方式，以及与周围成员的合作性
· 要求理解讨论的流程，在尊重对方观点的同时，阐述有逻辑性的观点

小组讨论中各角色的作用

主持人 引领整体，主导辩论顺利进行。注意话不能过多

书记 记录成员的发言，按内容分类记录的话更好，最后撰写发表草稿。可以每 10 分钟换人

时间管理者 向大家传达头脑风暴和讨论的准确时间。例如"头脑风暴还有 1 分钟"。可以每 10 分钟换人

发表者 最后在大家面前发表。这个角色可以由主持人或书记担任

图5-13　小组讨论

5.14   小组讨论要求的能力

本节将具体说明小组讨论中面试官的评价项目。

图 5-14 展示了一组小组讨论评估表。此表列了几个评估项目，可以进行 5 人份的评分。

评估项目大体分为 4 项：①分析问题、提出方案的能力；②逻辑思维能力；③执行任务的能力；④交际能力。让我们逐个来看。①分析问题、提出方案的能力和②逻辑思维能力各有 2 条，③执行任务的能力有 1 条。相对于这 3 项，④交际能力有 5 条，可见交际能力比其他能力更受重视。具体内容有"认真倾听其他发言者的发言""用大家都能听到的声音讲话""沉着冷静""不打断别人的讲话""有领导能力"。也就是说，通过小组讨论，来判断你是否具有认真听取对方说话的倾听力、容易使对方明白的说话方式、尊重他人意见的合作性，以及推进讨论的领导力。小组讨论是测试日企所要求的交际能力的最合适的方法之一。

小组讨论所要求的能力，无论是谁，只要练习几次都能进步。就图 5-14 列举的几个主题，不妨几个人试着讨论。可以让别人观察你们讨论的情况，使用评估表进行评分，也可以就讨论的情况进行录像，之后一起观看。

评分标准：优秀＝3　一般＝1　需努力＝0

	1	2	3	4	5
① 分析问题、提出方案的能力					
Ⅰ 正确把握问题，进行独自思考					
Ⅱ 拥有广博的知识和多方位的视角					
② 逻辑思维能力					
Ⅲ 能够理由充分地阐述观点					
Ⅳ 能够了解他人的观点					
③ 执行任务的能力					
Ⅴ 能够认真执行各个任务					
④ 交际能力					
Ⅵ 认真倾听其他发言者的发言					
Ⅶ 用大家都能听到的声音讲话					
Ⅷ 沉着冷静					
Ⅸ 不打断别人的讲话					
Ⅹ 有领导能力					

评语

①	②	③	④	⑤

小组讨论评估表

【抽象类】　社会人和学生的区别是什么？ ／工作的质量和速度，哪个更重要？

【提案类】　如果要开个新店，你认为哪里好？ ／如何提高亏损店铺的销售额

【假设类】　列举可以带到无人岛的3件东西／如果你有1亿日元，你会做什么？

【时事话题类】如何缓解老龄化？ ／如何提高生产力？

图5-14　小组讨论中要求的能力

5.15 改善日语发音的 NHK 播音员的发音练习法

由于对日语缺乏自信而声若蚊蝇，是难以把优点展现给面试官的。即便日语不够流利，只要有想表达的欲望，一般面试官也能理解你的心情。不过话虽如此，还是擅长表达能得到更高的评价。为进一步改善大家的日语发音，我传授一个日本播音员的发音练习方法。

日语基本上由辅音 + 元音组成，没有元音的只有拨音「ん」。元音就是「あ」「い」「う」「え」「お」这 5 个音。

服务行业在开门前会大声练习「いらっしゃいませ」（"欢迎光临"）、「ありがとうございました」（"谢谢"）等寒暄语，但播音员不这样做。播音员在练习「おはようございます」（"早上好"）时，只发元音「おあおうおあいあう」。（见图 5–15）把重点放在元音的练习上的话，就能够清晰地发出每个音节。日语发音虽不需张大嘴巴，但为了使嘴巴的动作更灵活，张大嘴练习会有更好的效果。

此外，为使舌头更灵活，播音员会将ペ行、マ行分别和テ行组合起来练习，如「ぱらぴりぷるぺれぽろ」「まらみりむるめれもろ」。这两行音，日本人也很少有人能说得既快又好。

①只发元音

「おはょぅこぢいまょ」

长大嘴巴只发元音「おあおうおあいあう」

②パ行・マ行和ラ行组合发音练习

「ぱらぴりぶらぺおぽろ」

「まらゐりむろあれもろ」

尽量快速清晰地发音

注：1. 开始时一个音节一个音节地认真发音

2. 做到能够快速、连续不卡顿地发音 5 次

图5-15　改善日语发音的练习方法

6.1 寒暄与闲聊，连接你我他

寒暄不是单纯的客套话，而是打开对方心扉的重要工具。在职场里，人与人之间的联系尤为重要，所以要正确理解寒暄的本意，并将其切实地传达给对方。

「おはようございます」（"早上好"）是基本用于早晨的问候，不过在打工的地方员工之间不分白天黑夜都会说。这句寒暄话是从抚慰早起干活的人「朝お早いですね」（"早晨起得真早啊"）转化而来的。「こんにちは」（"你好"）则是关心地询问对方「今日は、いかがお過ごしでしょうか？」（"你今天过得怎么样？"）的省略说法。

和寒暄一样，能拉近与他人的距离的还有闲聊。例如，在寒暄之后，加一句"今天真冷啊"之类关于当天天气的话。这句话，不以单纯地用 yes 或 no 结束对话为前提，而是因预料到闲谈会继续下去而抛出的话头。比如下一句可能是"是啊，不过好像明天就暖和了""这样啊，春天马上就要来了吧"等。这些内容不关乎政治、经济等严肃问题，仅限于天气、季节、出生地（比如：在国内的哪个位置）等日常的简单话题。（见图 6-1）

通过这些闲聊，双方会变得健谈起来。如果谈论起你出生的地方，说不定会兴致高涨地聊上 5 分钟，双方关系也会因此融洽起来。在面试或商谈等场合，简短的闲聊会创造一个和谐的氛围，使后面的程序进行得更为顺畅。

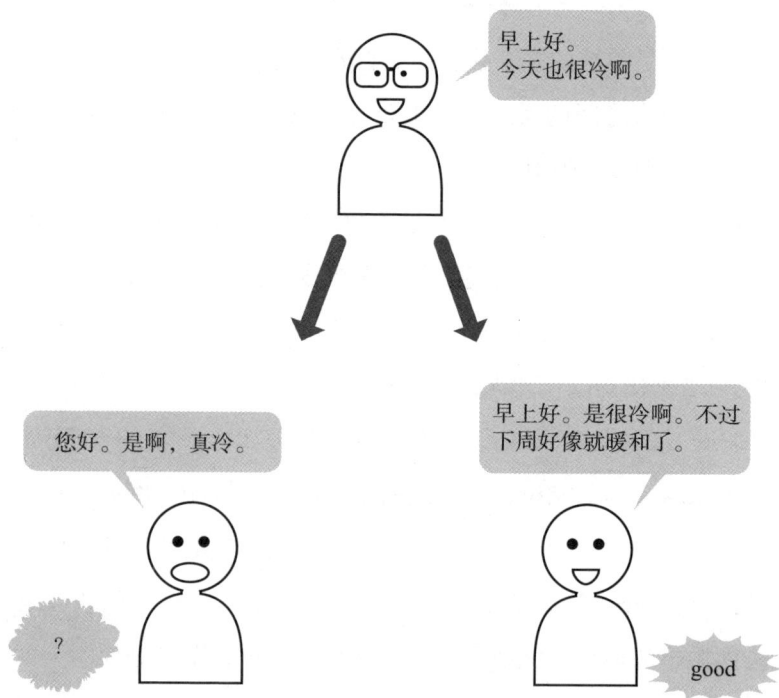

随意打招呼是闲聊的开始。从天气聊到更多话题，制造出温馨的气氛

图6-1　随意聊天

6.2　职场中接打电话的规矩

入职后，新人负责的工作之一是接打电话。一般来说，打来的电话由科室里职位最低的职员接听，然后转给负责人。在职场中，接打电话有一套特定的规矩。（见图 6-2）

首先，原则上不说「もしもし」（"喂喂"）。接电话时，不说「もしもし、〇〇社です」（"喂喂，这是 ×× 公司"），而应说「お電話ありがとうございます。〇〇社でございます」（"谢谢您的来电。这里是 ×× 公司"）。当对方告知公司名，以及希望找哪位后，应说「かしこまりました。△△ですね。おつなぎいたしますので、少々お待ちください」（"明白了。您是 ××。我马上转接，请您稍候"），然后告诉同事「□□社の××さんからお電話です」（"×× 公司的 ×× 来的电话"），随即把电话转过去。

电话往往是打电话的一方在方便时打来的。为此，打电话时，在说完"一直承蒙您的关照。我是某某公司的 ××。请问 ×× 部的 ×× 在吗？"后，要先说「お時間よろしいでしょうか」（"您时间方便吗？"），来确认对方是否可以接洽。先把要办的事情传达给对方很重要。顺便提一下，求职期间给公司打电话时，要避开工作忙碌的上午及午休时间，在下午 2 点到 5 点之间比较好。

此外，打电话时对方看不到你的表情，只能靠你的声音来判断。因此，应注意措辞，并提高音量，精神饱满地讲话。

接电话时

①自报家门
「お電話ありがとうございます。○○社でございます。」（"谢谢您的来电。这里是××公司。"）

②对方表明所属部门、姓名和要找的人后，告诉对方会把电话转接过去
「かしこまりました。△△ですね。おつなぎいたしますので、少々お待ちください」（"明白了。您是××啊，我马上转接，请稍等。"）
→对同事说「○○社の△△さんからお電話です」（"是××公司××来的电话"），然后把电话转接过去

　情况1：对方如果没有通报姓名
　　　　　"不好意思，请问您是哪位？"

　情况2：要转接的人正在接其他电话时
　　　　　"很抱歉，不巧××正在打电话，等结束后他马上给您回电话，您看可以吗？"
　　　　　*需要回电话的时候，询问并记录下对方的公司名、姓名和联系方式
　　　　　*转接电话的人暂时不在时，则说"××现在不在"。如果知道回来的时间，那么可以询问对方
　　　　　"本人预计××点回来，您届时再打来可以吗？"

打电话时

①先自报家门，告诉对方自己要找的部门和人
　　　"承蒙您的关照。我是××公司的××。请问××部的××在吗？"
　　　*日本人常说「お世話様です」，正确的说法应该是「お世話になっております」

②对方接了电话后，需要先询问对方情况
　　　"您现在方便吗？"

③马上说明要事，进入主题
　　　"我想问问××这件事，可以吗？"
　　　*如果不知道是否是负责人，要在一开始询问"请问负责××这件事的人在吗？"

　情况1：拜托对方传话时
　　　　　"很不好意思，请问请替我传话吗？"

　情况2：表明自己已知道时
　　　　　使用「承知しました」（"明白了"）、「かしこまりました」（"知道了"）等
　　　　　※ 对客户和上司不能用「了解」「了承」

图6-2　职场中接打电话的规定

6.3　熟练掌握尊他语和自谦语

尊他语和自谦语是工作中一定会用到的表达方式。尊他语是在对长辈或上司说话时，抬高对方行为的语言，自谦语则是贬低自己或自己人行为的语言。就连新入职的日本人对尊他语和自谦语也很头疼，所以开始的时候出点错也无大碍，毕竟对对方的尊敬不仅体现在语言上，更体现在态度和行动上。

话虽这么说，大家最终都应掌握尊他语和自谦语。这里介绍一些需要记住的基本的尊他语和自谦语。「言う」（"说"）的尊他语是「おっしゃる」，自谦语是「申し上げる」；「聞く」（"听"）的尊他语是「聞かれる」「お聞きになる」，自谦语是「お聞きする」「伺う」「拝聴する」；「見る」（"看"）的尊他语是「ご覧になる」，自谦语是「拝見する」。原则上，「お」「ご」「られる」多用于对方的行为。这些尊他语和自谦语，有的保留了原来动词的一些痕迹。但像「ご覧になる」「伺う」等词，已经看不到原来动词的影子了，需要有意识地记住。（见表6–1）

此外，在日本的商务活动中，对公司外部的人谈及公司内部的人时，往往不加敬称而直呼其名。这和谦让语中"贬低自己人"是同样的心境。即便是平时使用尊他语称呼其为"××先生/女士"的上司，在客户面前也只能称呼其名字"××"。这在实际工作中是十分常见的。

表6-1　应该熟练使用的尊他语和自谦语

常用词	尊他语	自谦语
言う	おっしゃる	申し上げる
聞く	聞かれる、お聞きになる	お聞きする、伺る、拝聴する
見る	ご覧になる	拝見する
行く	行かれる、いらっしゃる	伺う、参る
来る	お越しになる、いらっしゃる、みえる	伺う、参る
いる	いらっしゃる	おる
する	される、なさる	いたす
知る	お知りになる、ご存知	存じる、承知する
読む	お読みになる	拝読する
食べる	召し上がる	いただく

6.4 保证交流顺畅的"缓冲语"

日本人喜欢暧昧的表达方式，进入主题前要说一段很长的开场白，本意则传达得很委婉。因此，部分日本人会觉得外国人的表达方式很直白、直接。

语言暧昧的日本人在工作中常使用"缓冲语"。通过"缓冲语"，把自己的意思委婉、柔和地传达给对方。在进行请求、拒绝、表达个人观点的商务活动中，"缓冲语"发挥着积极的作用。

在"缓冲语"中，有「失礼ですが」（"不好意思"）、「恐れ入りますが」（"很过意不去"）、「恐縮ですが」（"实在是过意不去"）、「差し支えなければ」（"如果不妨碍的话"）、「可能であれば」（"可能的话"）、「お手数をおかけしますが」（"给您添麻烦了"）、「申し訳ありませんが」（"很对不起"）、「あいにくですが」（"很不巧"）、「残念ですが」（"很遗憾"）等表达方式。这些"缓冲语"分别用于提问或委托、表明希望、拒绝等不同的场合。（见图 6-3）例如，当希望对方告诉自己电话号码时，不直接说「電話番号を教えてください」（"请告诉我您的电话号码"），而使用「失礼ですが、電話番号を教えていただけませんか」（"不好意思，能告诉我您的电话号码吗？"）、「恐縮ですが、電話番号を教えていただけませんか」（"实在不好意思，可以告诉我您的电话号码吗？"）等说法，以表示谦虚委婉。加上这些"缓冲语"，对方可以感觉到你在设身处地为他人着想。不过，从一开始就理解各"缓冲语"的语感并区分使用是很难的，大家要在实际工作中多注意积累，逐步掌握。

问询、拜托时表示谦虚、惶恐的说法

「失礼ですが、ご所属はどちらでしょうか?」
("真抱歉,请问您是哪个部门呢?")
「恐れ入りますが、伝言をお願いできますか?」
("很不好意思,请问能替我传话吗?")
「恐縮ですが、ご対応をお願いいたします。」
("十分抱歉,能请您接待一下吗?")

表达愿望时的说法

「差し支えなければ、お電話番号を教えていただけませんか」
("不介意的话,能告诉我您的电话号码吗?")
「可能であれば、お時間をとっていただけませんか?」
("可以的话,能占用您一点时间吗?")

请求对方时的说法

「お手数をおかけしますが、ご連絡をお願いいたします。」
("给您添麻烦了,请帮我联系一下。")

拒绝时的说法

「申し訳ありませんが、こちらでは取り扱っておりません。」
("真抱歉,我们这里不负责这项业务。")
「あいにくですが、その日は会議のため、お伺いできません。」
("很不巧,那天有会,不能去。")
「残念ですが、そちらの件は上司からの許可がおりませんでした。」
("很遗憾,那件事没有得到上司的同意。")

图6-3 使交流顺畅的"缓冲语"

6.5 高度重视"报联商"和"PDCA 循环"

日本商务活动中交际的基本原则是用双关语「ほうれん草」①表示的"报联商"。"报"主要指在按指示办理业务时，积极汇报业务进展的状况和结果；"联"指在业务的办理过程中，就业务的进展情况和变化逐一和相关人员联系；"商"指遇到难以判断的事情时，不要自己一个人决定，而要和上司等人"商量"。如果忽略了这些，就有可能导致失误，给公司带来损失。工作不是一个人努力就能做成的，应意识到"报联商"的重要性，一边和周围的人进行适当的交流一边推进工作。"报联商"是为了正确、及早地改正错误而构建的，是日本独特的监督手段。

此外，"PDCA 循环"这个词也经常被提到。"P"是"计划（Plan）"，"D"是"执行（Do）"，"C"是"评估（Check）"，"A"是"Action（改善）"，即设定目标，制订今后的计划，按计划执行，评估是否按计划进行，根据评估考虑改进之处，等等。（见图6-4）这是一个通过重复上述行为不断改善业务的方法。但过度执着于"PDCA 循环"，也会降低计划推进的速度。有人认为，日企做出判断的速度过于迟缓的原因就在于这个"PDCA 循环"体系。

① 「ほうれん草」在日语中是菠菜的意思。这里是指商务活动中的基本原则，是由「報告（ほうこく）」「連絡（れんらく）」「相談（そうだん）」3 个词的第一个汉字的发音组合而成的双关语「報連相（ほうれんうこ）」

汇报	联系	商量
汇报按指示进行的业务状况或结果	就业务的进展情况和变化逐一和相关人员联系	遇到难以判断的事，不要自己一个人决定，而要和上司等人"商量"

报·联·商

$$\longrightarrow$$

PLAN
设定目标，制订今后的计划

DO
按计划执行

ACTION
评估是否按计划执行

CHECK
根据评估考虑改进之处

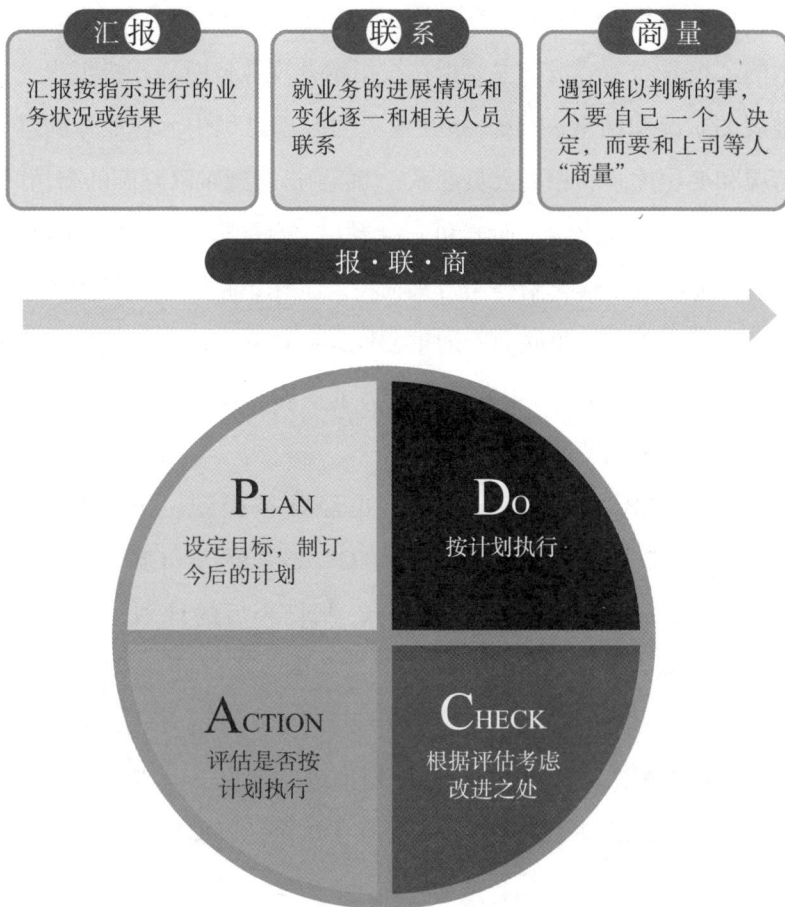

（※最近出现了 DO–PLAN 或 DO 和 PLAN 同时进行的趋势）

图6-4　"报联商"和"PDCA循环"

6.6　令人赞赏的商务邮件的写法

商务邮件有固定的"模式"，基本上正文的内容为：①收件人、②寒暄语、③自我介绍、④概要、⑤详情、⑥结束语。（见图 6-5、图 6-6）

①收件人：写公司名、部门名、职位名和姓名。株式会社不要省略为"（株）"，姓和名都要写，后面加上「様」。

②寒暄语：一般是「お世話になっております」（"承蒙关照"）。初次写信可以用「はじめまして」（"初次见面"）。表达面试的感谢之情时也可以写「先日は、お会いしていただき、ありがとうございました」（"感谢前几天您的会见"）。

③自我介绍：写自己的所属部门和姓名。如果是学生，部门则是学校。此处不要贸然写下想说的内容，而是先概括一下。

④概要：写邮件的目的和内容的要点。比如"想咨询贵公司网站上登载的产品事宜"等。

⑤详情：要用简明的语言写明具体内容，应注意使用正确的标点符号，对文章进行适当的分段。

其他需要注意的还有文件名和署名。文件名十分重要，特别在对方很忙的时候，一看就能知道邮件的内容。比如，向招聘负责人发邮件时，文件名可写作「【ご質問・ジェン・ヴァン・タン（△△大学）】説明会の日程について」["咨询 张文潭（××大学）：关于招聘会的日期"]。（见图 6-7）邮件的最后署名，不要只写名字，最好附上所属部门和联系方式（如邮箱和电话）。

件名 【咨询 阮文胜（××大学）】：关于宣讲会的日期

本文

株式会社×× ××部 ××课
×× ××先生 ——————————— ①收件人

第一次发邮件给您。
我是××大学的阮文胜。 ——————————— ②寒暄语
③自我介绍

就宣讲会的日期一事，向您咨询。 ——————————— ④概要

前几天，在贵公司的网页上，拜读了贵公司要面向应届毕业
生召开宣讲会的通知。
我在大学学习××，将来想从事××工作，因此对贵公司的 ——————————— ⑤详情
××非常有兴趣。
很想参加这个宣讲会。
您能告诉我召开的时间吗？

给您添麻烦了，请多关照。 ——————————— ⑥结束语

××大学××部××课
阮文胜
手机号码：090－×××××－×××× 署名
手机短信地址：×××××××××××××××@keitai.ne.jp ※找工作期间，邮
邮箱：×××××××××××××@freemail.com 件后面除了手机，
写上邮箱地址也
不错

图6-5 邮件的写法1

「御中」：对象是组织或团体（企业、学校、官厅等）

　　　例：株式会社〇〇御中

「各位」：对象为多人（会员、相关人员、股东、负责人等）

　　　例：発注担当各位、株主各位

「御中」「各位」「様」：不能组合使用

　　　错误的例子：株式会社〇〇御中△△様、株式会社〇〇株主
　　各位様、株式会社〇〇ご担当者様各位

※「お客様」「お得意様」等加「様」已成为惯例，可以写成「お客様各位」「お得意様各位」。

尊称的区分使用

TO ＝ 收件人

· 对方的邮箱地址
· 可以输入多个。这种情况下所有人都能看到邮件内容和其他人的邮箱地址

CC：Carbon　Copy ＝转发

· CC 中的人没有回信的义务。意思是"请了解一下"或"共享一下"
· 由于所有收件人都能看到，所以如果收信人相互不认识或彼此不知道邮箱地址，那么就不能使用（要注意个人信息的保密）

BCC：Blind　Carbon　Copy ＝秘密转发

· BCC 中的收信人地址其他人看不到
· 想隐藏收件人地址、不想让对方知道还有其他收件人时使用

TO、CC、BCC 的区分使用

图6-6　邮件的写法2

例 1 不会使用商务日语

おはようございます、 ○○の△△と申します。	早上好。 我是××公司的××。
ちょっと聞きたいことがありますが、 貴社はまだ留学生を採用の予定がありますか？	我有一事想咨询您，请问贵公司还有招收留学生的计划吗？
ご返事を待っております。 ありがとうございます。	期待您的答复。 谢谢。

例 2 欠缺为对方考虑的意识

大変お世話になります。	感谢您的关照。
○月○日開催予定の×××説明会 参加を予約しておりますが、 突然用事があるので予約をキャンセルして頂きたく、 ご連絡させて頂きました。	我预约了×月×日举行的宣讲会，但因为有事，所以想取消这次预约，特意联系您。
ご多忙の中、お手数をおかけし大変申し訳ありませんが、 ご了承の程、何卒宜しくお願い申し上げます。	百忙之中，给您添麻烦了，非常抱歉，敬请您谅解。

协力：帝京大学 日野纯子先生

图6-7 写邮件时的注意事项

6.7 24 小时内表达谢意

面试和商谈后，应以书面形式向对方表示感谢。可以用邮件，但用书信的效果更好。特别是外国学生写信向面试官表示感谢，会给面试官留下"这个学生在努力地写信表达自己的心情啊"这样的印象。感谢信尽量在面试结束后的 24 小时之内寄出，因为招聘负责人很忙，需要和很多学生见面，时间一长就会忘记你。我在面试结束后，会马上在现场写信。写好后不投进信箱，而是请前台转交。由于得到过很好的评价，所以这个习惯我一直坚持到现在，尽量给关照过自己的人马上寄送明信片。

当写信对面试官表示感谢时，不要只罗列一般性的季节问候和感谢的话，最好以半径 5 米范围内能感受到的季节话题为开端，具体写出面试给自己留下的印象，如果你有什么问题也可以询问。

这里要注意明信片和普通书信的不同。明信片能写的字数有限，适合简单的问候、联系和感谢；普通书信可以容纳更多信息，适合书写严肃的内容或向长辈上司传达事情等。（见图 6-8）对面试的感谢应该使用书信的形式。此外，书信是可以长久保存的，因此不要因为时间匆忙就抄录一些网上的范例，这样的感谢信会适得其反。

明信片

· 字数有限
· 适合简单的问候、联络和感谢
· 给人留下亲切的印象

信

· 字数不受限, 可以叙述详情
· 适合写严肃的内容或不想被第三者知道的事情
· 给人留下郑重的印象

面试感谢信要装在信封里

图6-8 用信表示感谢的心情

6.8 "轻度、中度、深度" 3 种鞠躬

日本人不论在商务活动中还是日常生活里，为了向对方表示敬意，经常会行鞠躬礼。根据上半身弯曲的程度，鞠躬可分为 3 种，各有不同的用途。（见图 6-9）

第一种是轻度鞠躬，用于和他人擦肩而过、进入公司、离开公司等场合。要领是挺直腰杆，上身前倾约 15 度，眼睛看向前方 2 米左右处。

第二种是中度鞠躬，经常在商务活动中面对上司和顾客时使用。要领也是挺直腰杆，上身前倾约 30 度，眼睛看向前方 1.5 米左右处。动作要比轻度鞠躬慢，这样会给人留下严谨的印象。

第三种是深度鞠躬，向领导行礼或表示感谢、道歉时使用。要领是挺直腰杆，上身前倾约 45 度，眼睛看向前方 1 米左右处。此外，还要注意快速弯下上半身，在需要的位置停下，再慢慢直立起身。深度鞠躬平时很少用到，但以防万一，平日里应多加练习。不论哪种鞠躬，都是以腰为起点弯曲身体，这点很重要。

生活在没有鞠躬文化的国家的人，鞠躬时往往只弯曲颈部，在日本的商务活动中应避免这样做，应恭恭敬敬地挺直腰杆，从腰部开始弯曲上半身。

轻度鞠躬

15 度

轻度鞠躬，用于和他人擦肩而过、进入公司、离开公司等场合。挺直腰杆，上身前倾约 15 度，眼睛看向前方 2 米左右处

中度鞠躬

30 度

商务活动中经常使用的鞠躬。对象是上司和顾客。挺直腰杆，上身前倾约 30 度，眼睛看向前方 1.5 米左右处

深度鞠躬

45 度

向领导行礼或表示感谢、道歉时使用。挺直腰杆，上身前倾约 45 度，眼睛看向前方 1 米左右处

图6-9　3种鞠躬

6.9　给领导留下好印象的坐姿和就座顺序

　　工作的内容重要，工作人员的举止也很重要。这里再谈谈在面试和商谈中与对方交谈时的坐姿。（见图 6-10）

　　应浅坐在椅子上，挺直身体。这样坐便于发出声音，也便于做手势。深坐在椅子上的话，重心会后移，既不便发出声音，又会给对方留下态度傲慢的不好印象。双手可以自然张开，放在膝盖上。如果太过紧张或手势过多，不妨握拳放在膝盖上。

　　就座时，还需注意就座顺序。在接待室和会议室里，上司和顾客该坐的座位、新人该坐的座位是固定的。在场成员中最尊贵的人坐在最好的上座，与此相反，地位最低和招待客人的人坐在下座。例如，在接待室里，基本上离入口最远的座位是上座，离入口最近的座位是下座。不仅仅在接待室和会议室，汽车、电车等交通工具里的座位，酒会时在居酒屋的座位，也都有顺序，就座时应意识到。虽在不同的场景或场合下座位各不相同，没必要全部记住，但认识到就座应按顺序这一点还是很重要的。

轻微坐下

深坐的话，不便发出声音，而且看起来态度傲慢

目光看向对方

不一定和对方视线交汇；对方有多人时，说话时脸朝向对方

手放在膝盖上

除非要用手势传达信息，否则双手应安静地放在膝盖上

图6-10　与人交谈时的坐姿

6.10 交换名片的顺序和礼仪

初次见面时要交换名片。为保证交往的顺利进行，我们应事先了解交换名片的顺序和相关礼仪。

首先，事先把名片夹放在身边，这样方便初次见面时马上递出名片。递名片时，需两手拿着名片的两端，一边告诉对方自己所属的公司、部门和姓名，如「○○会社△△部の××と申します」（"我是××公司××部的××"），一边递出名片。互递名片时，按照礼仪，要从低于对方名片的位置递出自己的名片。接着，左手接过对方的名片，右手递出自己的名片，右手空出后顺势附在对方的名片上。然后，把名片拿到胸部以上的位置。收到的名片不要马上收进名片夹，而应将其叠放在名片夹上，直接开始交谈。若在交换名片后双方就座，则应把对方名片叠放于名片夹上并放在桌子上。待谈话结束后，再收好名片。（见图6–11）

应把写着公司名、所属部门、姓名和联系方式的名片当作自己和对方的分身。这样的话，你自然就会知道应如何对待对方的名片。下列行为应该避免：接名片时手指放在对方公司的名字上，将名片放到口袋或钱包里，单手接名片（互递名片除外），在别人的名片上做笔记，隔着桌子交换名片，等等。

①把名片夹放在身边，便于马上递出名片

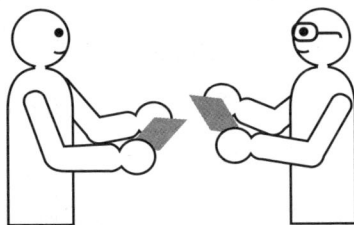

②两手拿着名片两端，一边告诉对方自己的公司名、部门名和姓名（如"我是××公司××部的××"），一边把名片递过去。要从低于对方名片的位置递出

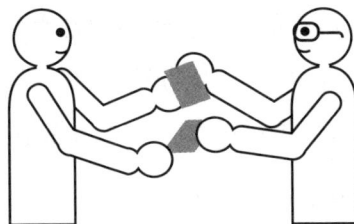

③左手接过对方的名片，右手递出自己的名片，右手空出后顺势附在对方的名片上，然后把名片拿到胸部以上的位置

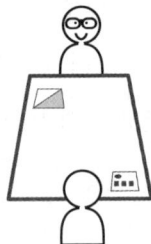

④名片不要马上放进名片夹里，而要将其叠放在名片夹上。就座时，则把对方的名片放在名片夹上并放在桌子上。谈话结束后收起名片

图6-11　互换名片时的顺序和礼仪

6.11 上班族的仪表

在商务活动中，关于仪表的最基本原则是尽量与对方保持协调。由于服装的标准因行业和公司而有所不同，就职者应注意观察企业员工的着装，进行效仿。例如，进行求职活动时，如果对方是媒体行业，那么就算穿着红色衬衫去也没有问题；如果对方是银行，那么就应该穿白色衬衫。

这里介绍一下面试时的穿着。男生应该穿黑色、藏青色或灰色的单排扣西装。衬衫白色是基本款，需熨烫整齐，没有脏污或泛黄。准备 3 条与西装搭配、不太花哨的领带。西服与白色袜子是不匹配的，袜子应选择藏青色或灰色等，即使坐下露出来也不显眼。女生也要穿黑色、藏青色或灰色且设计简单的套装。裙子的长度，以坐在椅子上时能盖住膝盖为宜。白色衬衫搭配接近肤色的长筒袜。不论男女，面试中最重要的是"清洁感"，遮住脸的长刘海、没有刮干净的胡须、松散的领带、皱巴巴的衬衫等都不好。（见图6-12）

此外，在面试前，有些面试单位会说"请穿便装来"或"服装自由"。如果是前者的情况，那么可以准备办公室休闲服装；如果是后者的情况，那么可以选择办公室休闲服或者西装。不管怎么说，最重要的是不要太个性化，应注意与对方协调一致。

男生

发型
不能留长发或染发，要露出耳朵和前额

衬衫
白色是基本款。要熨烫整齐，没有脏污或泛黄

西装
黑色、藏青色或灰色的单排扣西装。注意的设计要自然、没有违和感

领带
准备 3 条不太花哨的领带。注意打结不要太松

袜子
藏青色或灰色。白色袜子和西装不匹配

包
大小可放进 A4 纸文件。黑色或深棕色

鞋
黑色或深棕色平底皮鞋

女生

发型
尽量不要染发。刘海长的话用发夹夹起，后面的头发长的话用皮筋扎起

套装
黑色、藏青色或灰色且设计简单的套装。裙子的长度，以坐在椅子上时能盖住膝盖为宜

首饰
小而低调的耳环可以，但戒指和手镯一般要摘下来

衬衫
白色为基本款。夏天可以穿半袖

化妆、指甲
妆容自然。禁止色彩鲜艳的眼影和口红。指甲长度适中。指甲油选择米色或浅粉等接近肌肤的颜色

包
大小可放进 A4 纸文件。黑色或深棕色

丝袜
接近皮肤的颜色。黑色的不行

鞋
跟高 3—5 厘米，鞋跟不是很细的浅口鞋。黑色为基本款

图6-12 踏入社会的衣着打扮

6.12　独特的习惯和措辞

日本商务礼仪的根本是尊敬年长者、重视地位、上下等级严格。即使是没有"部长""科长"职位的一般职员，不管其年龄多大，进入公司年限长的人就是前辈。另外，对于有职位的职员，不称呼其名字，而是用其职务称呼，如"科长"等。其他独特的习惯还有：乘坐电梯时让上司先进，自己按楼层按钮；在会议室里，地位高的人不说坐则不能先坐；交换名片要在领导之后进行；座位分上座和下座，应请地位高的人坐在上座；等等。这些都是对年长者、地位高的人表示尊敬的做法。

此外，令外国员工感到困惑的还有职场里的一些常用套话。特别是「おつかれさまです」（"您辛苦了"）、「よろしくお願いします」（"请多关照"）、「いつもお世話になっております」（"一直承蒙您的照顾"）、「検討します」（"我会考虑的"）等措辞，在各种场合都会使用。我在图 6–13 中对此做了总结。有的公司日式英语满天飞，把签订合同说成「クロージング」（closing），把事情谈妥说成「フィックス」（fix），把重新安排日程说成「リスケ」（rescheduling），把催促对方说成「リマインド」（remind）。遇到这些说法的时候，应注意观察所处的场合，灵活理解，灵活应对。

「おつかれさまです」（"您辛苦了"）

原为对工作辛苦的人的慰问，下班时用，有一些公司上班时也用，这种情况下可以理解为是客套话，但对客户和顾客使用是不礼貌的。「ごくろうさま」（"让你受累了"）与「おつかれさまです」（"您辛苦了"）是相同的意思，但用于上司对部下

「よろしくお願いします（いたします）」（"请多关照"）

「よろしく」是「ちょうどよい具合に」（"情况刚刚好"）的意思。拜托他人时使用，在邮件等文章的末尾加上这句话已成为惯例。

「いつもお世話になっております」（"一直承蒙您的照顾"）

「お世話」是「面倒をみる」（"照料"）的意思。「世話になる」是「人のやっかいになる」（"给人添麻烦"）、「人の援助を受ける」（"接受别人的帮助"）等意思。这句话是向对方表示感谢的表达方式，一般用于一开始对客户和顾客的问候。向公司外部发邮件时写在最前面已成为惯例

「検討します」（"我会考虑的"）

原本是「よく調べて考える」（"好好调查、考虑"）的意思。在商务活动中，相当于「他の関係者と相談する」（"和相关人员商量"），但包含拒绝的意思。是真的考虑，还是拒绝，要根据前后的语境和气氛来判断

图6-13　独特的习惯和措辞

6.13　忌讳谈钱的日本人

日本人习惯性认为"不能堂而皇之地谈论金钱"。在商务活动中，能否赚钱是一大要素，但日本人会有意回避金钱的话题。在与客户商谈及校招活动中，大部分最后才谈钱的事情。就连朋友和家人之间，也基本不明说工资和奖金的具体数额。相反，如果平时总谈钱的话题，会被看作奇怪的人。（见图 6-14）

虽说如此，如果打算在日企工作的话，认真了解公司的薪酬是理所当然的事情。校招时，企业会在录用信息中标明薪酬，待员工入职后，会告知其薪酬明细。但如果在这之前想了解薪酬的话，要注意时机。比如，第一次面试时就贸然询问薪酬情况，会给招聘人员留下不好的印象。应在建立一定程度的关系后，委婉地询问："虽然很难开口，但工作后我打算给父母寄一些生活费贴补家用，请问我的工资会有多少呢？"

不同的行业、公司，对谈钱的态度会有所不同。不过还是请大家记住，在日本人面前，谈钱是一件忌讳的事情。

图6-14　日本人忌讳谈钱

6.14   上级领导的高语境指示

当用英语表达时，没把意思说清楚，一般会认为是说话人的责任。日语正相反，人们会认为是听话人的错。这源于作为交际指标的高语境和低语境①语言的差别。根据2017年全球最值得关注的经营思想家之一、被选入"Thinkers 50"的艾琳·梅尔的著作《跨文化理解能力》（英治出版2015年版），低语境崇尚简单明了的沟通，信息与表面所体现的一致；反之，高语境则崇尚细致而有内涵的交流，信息以暗示的形式传达。（见图6-15）美国和澳大利亚可以说是低语境国家，日本、韩国、印度尼西亚等可以说是高语境国家。高语境文化圈重视人与人之间的联系，日本正是这样的国家。

为此，在日本的商务活动中，上级领导对部下的指示往往模棱两可，听的人必须自己做出合理的解释。其典型代表是"请多关照"这句话。在"这件事请多关照"的背后，其实还包含着"你知道该做些什么吧"的意思。

遇到这种情况，如果不知道应该做什么，要仔细问清楚，以得到具体的指示。在指令不明不白的情况下去做的话，有可能会出现问题。

---

① 高语境（High-context）、低语境（Low-context）是传媒学概念。美国学者爱德华·霍尔曾提出了高语境传播与低语境传播的概念。高语境传播指的是，在传播时绝大部分信息或存于物质语境中，或内化在个人身上，极少存在于编码清晰的被传递的讯息中；低语境传播正好相反。东方社会很多都是高语境社会，如中国、日本，而美国、澳大利亚及大部分北欧国家则倾向于低语境。

低语境
崇尚简单明了的沟通，信息与表面所体现的一致

↕

高语境
崇尚细致而有内涵的交流，信息以暗示的形式传达

日语是高语境语言。在商务活动中，指示有时模棱两可。如果不确定细节，要认真询问，以求了解

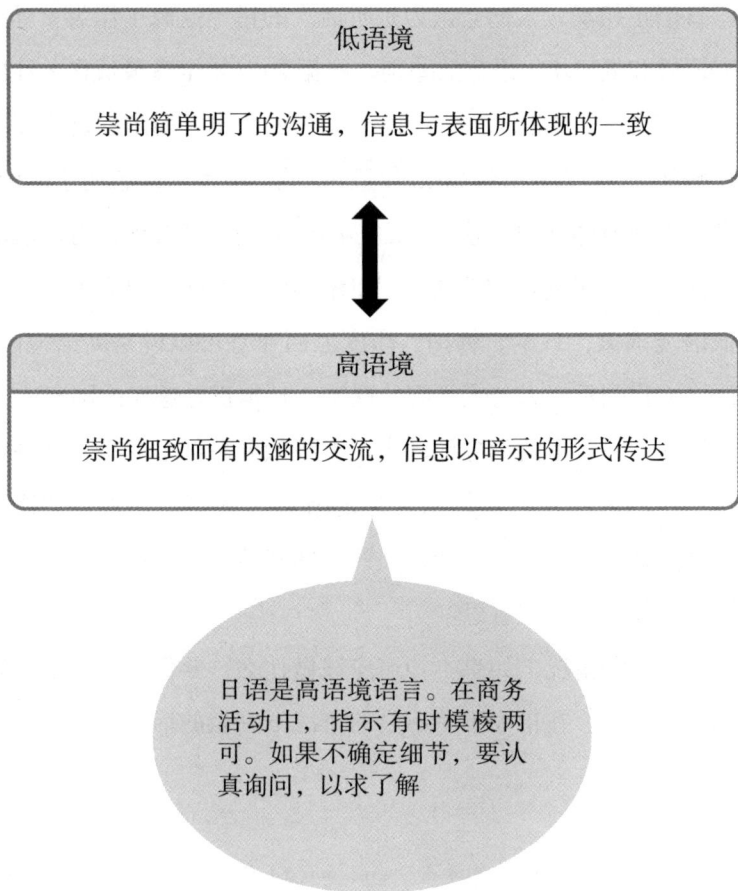

图6-15 日语是高语境语言

6.15 以谦虚为美德的日本人

日本人行事往往不自傲、不张扬、谦虚低调。我曾经在专题讨论会上发现印度的参会人员在致辞时说："我认为我从事这样的研究，并能在这种场合发表我的成果，是一件很值得高兴的事情。"与此相反，日本的参会人员在致辞时则说："很感谢会议方邀请我来到这样的场合，不知能否帮到大家，但我会努力把我做的事告诉大家。"这让人感到日本人和外国人在价值观和行为方式上的确存在不小的差异。在日本人看来，能力不是自己来展示的，而是由别人来评价的。

这在商务活动中表现得尤为明显。当接受某个委托时，日本人会先谦虚地说"我这样的人能有机会做这个工作真是太荣幸了"，然后接受委托。（见图 6-16）而当自己负责的项目顺利完成时，日本人不是说"我尽了全力"，而是说"多亏了大家"。总之，在日本应随时随地注意谦让。

由此看来，虽然没有必要过分谦虚，但是在工作中不大肆张扬、不夸大其词就不会惹是生非。虽然一些日本人知道外国与日本的不同，对一些不太谦让的态度表示理解，甚至也有人认为这样的人值得信赖，但仍有不少人对这种态度感到不舒服，认为其缺少基本的礼貌。所以若想在日企工作，应多注意这一问题，毕竟小心驶得万年船。

图6-16　以谦虚为美德的日本人

7.1　安然自在的幸福感

日本人的日常寒暄里有句话叫："一切照旧吧？"回答时一般说："是的，我还好，还是那样。"这句话并不需要对方回答有什么变化，映射着日本人不求大变，但求安然自在的民族心理。日本所处的地理位置使其频频遭受地震和台风的袭击，因此民众祈求长久安宁的心理也在不断被强化。

7.2　以和为贵

日本人注重抱团行事，钟情于和和美美，凡事大家齐说齐做，这样会让人感到安心。例如，在餐馆点餐时一起点或总让别人点，甚至去洗手间也会找个伴。日本人惧怕单独行事，认为大家一起行事，事情才有价值，才令人放心，始终把自己埋没在群体中。这与传统上倡导"毫不利己"的精神有关。总之，就是"以和为贵"。

7.3　入职后方得去向

日本的用人单位针对应届大学生的集体招聘活动是其招聘特色。学生与招聘单位签约后，并不知道自己将来会被分到哪个部门和哪个地方。这些信息只有在入职后或在新员工培训期间才会得知。新员工在第一年里会得到单位的照顾，允许其失败，使其不断积累经验。一般来讲，工作单位每年都会发生人事变动，调整员工的岗位，目的是培养多面手而不是专家，尤其是在大企业，这种情况更加突出。

7.4 多道歉

求人办事时，事前事后对提供合作的人要致谢，要先说"添麻烦啦"，再说"谢谢"。致谢时要先道歉，反复道歉也是在表达谢意。在日本文化里，这比直接说"谢谢"更重要。它暗含劳烦对方费事费时自己很过意不去的意思，所以日本人在致谢时常反复说"实在是不好意思"。用英语表达的话，就是 excuse me。

7.5 鞠躬致意，"点头哈腰"

在日常生活中，日本人频繁鞠躬致意。对此，也有人说，这样看上去不大方，没有定力，缺乏自信等，但这也是日本人的一个特点。日本人对反复道歉和所谓的"点头哈腰"没有任何抵触，这和其所处的立场、地位没有任何关系，无论什么人都会这样，这样做并非弱势的表现。

7.6 先人后己

在日本，当在 ATM 机上办理业务时，如果自己的业务用时较长，有些人会转身向后面排队的人说一声"对不起"，也会请求后面的人再给自己一点时间。有些人看到后面排起了长队，会结束自己的业务让后面的人先办，自己则到队列的末尾重新排队。这种行为源于日本人心存的"互惠共生"的思想观念，它会促使人们主动谦让，这是值得提倡的。尤其在遇到自然灾害、领取救灾物资时，互谅互让互敬的类似情景十分暖心。

7.7　没迟到也道歉

日本人常说"让您久等了"，按约定时间到达时也往往这样说。即使自己早于约定时间到达，但如果对方先于自己到，也得说"让您久等了"。说的目的是表达对对方的尊重，是出于礼貌。确实迟到时，除了要说"让您久等了"，还要反复地道歉。

7.8　替他人着想，少鸣笛或不鸣笛

和其他很多国家一样，在日本，当在汽车行驶中遇到一些情况时，驾驶人员第一时间大多不会选择鸣笛。鸣笛只限于驾驶人员遇到危险而迫不得已的情况。大家会尽量避免鸣笛，以减少对周围环境带来的不利影响。遇到有些人没有注意到车辆驶来，慢步过马路时，大多数驾驶人员会选择少鸣笛或不鸣笛，静静等候路人过马路，尽量做到时刻体贴和关心他人。

7.9　不轻易应允，应允即全力以赴

日本人在处理事情的时候善于去棱角，选择暧昧行事，看似做事态度迟疑不定，但实则不然，日本人做事的意志是很强烈的。日本人在决定做事前往往费时较长，表现得犹豫不决。所以，当有事安排给日本人时，往往难以立刻得到其发自内心的应允。日本人习惯于先对工作步骤进行周密计划，事无巨细地考虑过程，在判断事情可行之后才会积极地接受任务。任务一旦接受下来，多会努力地去完成。

7.10　不强烈主张自己，选择附和他人

到了学校或公司的中午饭点时，经常会听到日本人之间有"吃

什么""啥都行"这样的对话。与同事结伴时，彼此再熟悉也很少会提出"我今天想吃咖喱饭，一起去吃吧"这样的建议。日本人在行事时，往往不强烈提出自己的主张，习惯于先考虑对方，询问对方的想法。遇到自己和别人一起做选择的时候，多数情况下会先让对方做出选择，自己附和了事。因此，也会出现彼此这样没完没了的情况。

7.11 「はい」的意思是礼貌，也是同意

日语中的「はい」（ha-yi）有时用于礼貌性地附和对方讲话，并非都表示同意。和日本人交流时，看到日本人不停地说「はい」时，不能简单地做字面理解，因为它不一定是表示同意，有些时候是表示不同意、拒绝。很多时候，交流时的点头微笑是表示礼貌，而并非表示同意。

7.12 自觉守规矩

日本社会与其他很多社会一样，倡导自觉守规矩。守规矩不分人前人后，比如，不乱扔垃圾，行人不闯红灯。与行政措施相比，有些老话仍然在制约着日本人的行为，如"因果报应""上天有眼""做坏事必遭天谴""人不看天看，坏事不可为，为则遭天诛"等。这些观念时刻警示日本人要自觉守规矩。

7.13 公共场合尽量少高声谈话

日本人对在公共场合高声谈话比较敏感，这是日本人在社会生活中表现得比较特别的地方。比如，日本人乘坐公共交通工具或在咖啡馆谈话时，往往把声音压得很低。乘坐公共交通工具时，即使是使用耳机听音乐，不少人也会顾及别人的感受，注意不将音量放

得太大，防止声音传出。在电影院里看电影时，保持安静，不高声谈论，避免影响他人。这些都得益于日常不懈的宣传和教育。

7.14　谦逊为美德，助人成长

当工作取得了一点成绩，受到表扬时，日本人往往会谦虚地回答"哪里哪里"，很少有人说"是的，我确实努力了"。谦虚作为一种美德备受尊崇，它也是进取精神的表现。"哪里哪里"的背后是对工作表现的不满足，也是对工作缺点的承认，更是对创造更加美好的明天的期盼。

7.15　在餐馆就餐后整理好餐具再离开

在日本的餐馆，结束就餐时，顾客有时会将餐桌简单地收拾一下，把用毕的餐具尽量摆放整齐，然后再离开。尤其是在回转寿司店，多数顾客会把餐具收拾一下，尽量摆放整齐。回转寿司店的餐具具有区分寿司价格的意义，按类摆放方便计数也便于结账，同时也便于店员收拾。这也是凡事多为他人着想的社会风气的具体表现。

7.16　不过度张扬

如今仍有不少日本人认为，挣了钱、发了财就张扬跋扈，即所谓的财大气粗、蛮横无理，会遭天谴。因此，在这方面日本人往往十分克制自己，提倡低调行事，不因得财而张扬。成立5年的公司效益再突出，若没有坚持下去，也不会受到社会推崇。在日本，以长久坚持为尊，横财不受待见，人们以质朴、踏实、勤勉为主要价值取向，也提倡闷声发财。

7.17　防坏人意识弱

在日本，去超市买东西时，不用寄存行李；坐车时，不少人会将手提物品放在行李架上，然后在座位上睡觉。这些行为的前提是很少有人会在超市里或车厢里窃取别人的物品。害人者可恨，受害人可怜，而不是受害人活该的意识根深蒂固。在设计公共设施时，往往不会千方百计地考虑如何防范坏人。很多人的思想观念是社会上还是好人多，即认可性善说。

7.18　凡事不喜形于色

经常有人说日本人面部表情呆板，难以捉摸，这也是事实。日本人一般不太喜欢喜形于色，不善于夸张地表现自我。形象一点地说，日本人推崇打扑克时心理的任何变化都着力控制，不让对方察觉到的那种所谓的"扑克脸"，不露声色地面对和处理事情。例如，获得高中棒球全国冠军的选手会被要求不许挥舞拳头庆贺。外国运动员在比赛时发挥出色，一般都会激情难抑，情不自禁地欢呼，日本选手则往往会适度考虑对手的感受，刻意压抑情感的表达，不表现出过度兴奋的样子。

7.19　接受两面的自我

前面提到过日本人不善于强烈主张自我，也不喜形于色，但是，喝完酒去练歌房飙歌的时候却是另外一种情形。与职场里的矜持、认真的印象全然不同，日本人在练歌房和市井的小酒馆里会无节制地放纵自己，同一个人在两个场合中的表现形成强烈反差，令人瞠目结舌。但日本人都能接受这个看似有反差强烈的自我。

7.20　排队意识强

日本人好排队。在日本，经常会看到排队等候上车的情况，先下后上，秩序井然，无一例外。这与日本人自幼坚持不懈的教育有关。从幼儿园的孩子到中小学的各个年级，无论是在操场上还是在教室里，都非常关注这方面的教育。这样逐步养成的习惯造就了社会生活中的排队现象。

7.21　意见是个宝，失败是成功之母

在日本的一些用人单位里，有些时候提意见也会得到奖励。大家认为，提意见有利于改善工作，是良药不是毒药。此外，有些用人单位还会对在工作中出现小失误和小问题的员工进行嘉奖，认为这些小问题、小失误可以举一反三，提醒大家避免出现更大的错误和问题，可以避免更大的损失。这种现象很好地诠释了"失败是成功之母"这句话。

7.22　不满足于现状，追求更好

日本人对商品和服务有着异乎寻常的理想化追求。追求日日新，理想就要日日高。这种姿态不仅会严格要求自己，而且也会相应地严格要求别人。不满足于规定的任务和既定的目标，追求规定任务 $+\alpha$。所以在日本，即使在单位里打零工，在熟悉了工作以后，日本人也会积极主动地额外为单位做一些事。

7.23　注重团队协作

有一个小实验，日本人和外国人分别组队，要求男女混编，看哪一组搬运各类混杂货物的速度快，结果是日本组以极快的速度首

先完成。其原因在于日本组不会在分配任务的问题上多做商量，男人搬重物，女人搬轻物，协同作战、一气呵成。成员对自己在团队中的定位心知肚明，依据各自所能发挥的作用协同做事。任务完成快是高效率带来的结果。这一训练从幼儿园阶段就已经开始，而且已成为日本人的习惯。所以说，日本人比较擅长团队协作行事。

7.24　与人见面不急于自我宣传

日本这个国家民族单一，社会成员之间往往自我意志相似，彼此易于沟通。如同一个村的村民，乡约村规大家守，一个不落奔前头，村落规矩不容践踏和破坏，破坏者将受到"背乡离村"的除名惩戒。先听后讲利于自己的生存，利于与他人和睦相处，也利于共同体的稳定。这一传统观念根深蒂固地印刻在日本人的头脑中。即使在今天，人们在初次见面时，总是习惯于试图让别人先说，往往不急于表现自己，不急于把自己的事告诉别人，不显山不露水。

7.25　职工及其家属是单位的主人

株式会社顾名思义就是需要通过发行股票争取投资者的资金开展活动。但在投资者和员工之间的利益关系上，日本的企业更重视自己的员工及其家属。企业盈利后，首先顾全员工，而不会专注于投资者的分红，有些单位还会出资组织员工及其家人旅游和会餐等。在日本，"企业是股东的，但更是员工及其家人的"这一意识强烈影响着企业的经营活动。

7.26　轻视新入职员工的意见

当一名新入职的员工针对运营中的业务工作提出一些改善意见和建议时，提案再好往往也难以被采纳，原因在于企业与员工之间还没有建立起足够的信赖关系。在日本，员工首先要踏踏实实地多做几年事，积累起足够的业绩才相应地具备提意见的资格。当然，也不排除有重视新入职员工的意见和建议的企业。

7.27   抠细节

某大学的橄榄球队实力突出，但队内有一个习惯，就是要求队员打扫卫生时要做到一丝不苟。即使像打扫鞋柜这样的小事，也要做到把别人一眼看不到的地方清扫干净，里里外外一尘不染，可谓仔细至极。抠细节，杜绝任何细小瑕疵，这与日本的体贴细微的待客之道有相同之处。

7.28   列车晚点一分钟也道歉

在日本，常见到铁路部门因为列车晚点频频道歉的情形。日本的新干线时速大约为 280 千米，迟到不足 1 分钟也会通过广播及时告知乘客晚点时长，并频频道歉。东京和大阪之间的新干线由于自然灾害等平均延迟时长是 0.7 分钟，但即使迟到不足 1 分钟也要道歉，这反映出其严格的时间观念。

7.29   工作中不极力维护自尊，不抗拒受训斥

在工作中，日本人不怕当着别人的面受训斥，甚至有人还会认为这是一种荣誉。原因在于，日本人普遍认为，自己的存在是为了大家、为了集体。因此，往往会谦虚低调，面对工作不过分顾及自尊，在工作场所不太强调维护个人尊严。在单位里，即使当着别人的面遭到训斥，自尊心也不会受到太大伤害。在这种情况下，训斥别人的人认为自己是通过敲打犯错误的人以儆效尤；而遭训斥的人则认为自己是代表大家受敲打的，所以不抗拒受训斥。个人完全被

淹没在集体中，彼此也都心安。

7.30 工作失误，由集体承担相应责任

在日本，团队是行事的基本单位。团队中的某个成员的失误往往就是所属的整个团队的失误，谁也脱不了干系，干事的和管事的，以及相关的成员一起承担相应的责任。团队成员因病休息，其工作会由其他成员主动承担，无须上司吩咐。人们的基本观念是工作就应该是由大家通力协作来完成的。

附录1　12项胜任力评估表

请从以下12项胜任力的①—⑤中选出最符合自己的条目，测试自己的胜任力（活跃于社会各界人士的能力）水平。

胜任力	条目
1. 行动力：积极主动投入工作的能力	①找不到或意识不到该做之事，接受了指示也无法付诸行动 ②等待指示，努力完成被要求之事 ③能够意识到并确认相关指示，同时努力付诸行动 ④主动投入工作并坚持至完成 ⑤以客观视角关注附加价值并采取行动
2. 影响力：推动并影响他人的能力	①无法主动行动，一味地被动等待，借助他人力量 ②能够主动行动并影响他人，但无法改变周围状况 ③能够主动行动并影响他人，且能够改变周围状况 ④推动并影响他人，能够统一一团队内部的方向性 ⑤影响他人使之主动采取行动，理解他人并提供恰当的方法和指示，能够统一双方的目的与意识
3. 执行力：设定目标、明确行动的能力	①不能设立个人目标，无法明晰思路 ②制订计划并实施计划，但是半途而废，或者无果而终 ③能以某种假设为前提来制订并实施计划，但不能进行总结反省，无法持续推进 ④能够制订详细的计划与步骤并执行，执行后能够做出评论与总结 ⑤行动有意或无意地体现出"计划—实施—总结—改善"的整体意识
4. 问题发现能力：把握现状、明确动机与问题所在的能力	①意识不到课题的存在 ②能够找到（适合自己团队、同事的）课题 ③能够发现课题并自主思考，提出解决方案 ④解决方案为众人（团队、同事）采纳并实施 ⑤回顾总结，再度实施更完善的改革方案
5. 计划力：确定问题的方法并实施计划的能力	①无法认清现状、目标并制订计划 ②了解计划的重要性，理解实施计划的必要性 ③可用目标倒推法制订计划，但是无法预测最坏的结果 ④能够制订周密的计划并预测突发事件 ⑤能够通过提前预测应对突发状况

胜任力	条目
6. 创新力：创造新价值的能力	①只偏信既有价值 ②故步自封 ③对既有价值心存疑虑，但尚未酝酿出新观点 ④能够接受全新的价值观，并将其反映于自己的观点之中 ⑤能够摈弃既有思维，努力创造并展示新思路
7. 表达能力：清晰传达个人意见的能力	①表达不当或对方无法理解 ②能够表达，自己却不甚理解 ③能够表达，却抓不住重点 ④能够言简意赅地表达 ⑤表达做到清晰明确，与意见及立场相左的人相互理解
8. 倾听能力：认真倾听他人意见的能力	①无法为说话人创造良好的对话环境 ②能够有意识地为说话人创造良好的对话环境 ③听过之后，能够深入理解对话内容 ④能够边听边就不理解的地方进行提问或讨论 ⑤能够理解对话的本质（对方想要传达的内容）和推进过程，能够抓住恰当的时机进行提问
9. 灵活应对能力：理解不同立场、不同意见的能力	①不管对方是谁，不分男女老幼，一概无法理解对方的立场，一味坚持自己的行事方法和规则，强迫别人接受 ②大致明白对方的意见，能够理解对方持肯定还是否定的立场 ③能够正确理解自己与对方在意见或立场上的分歧 ④在正确理解意见或立场上的分歧之后，能够客观地做出判断 ⑤能与所有人自然地对话，能够根据时间、地点、场合、目的而随机应变，恰当应对
10. 状况把握能力：理解自己与周围人、事关系的能力	①不明白自己在团队（集体）中的职责，行动总是困在自我满足的圈子里出不来，或是没有行动力 ②知道自己有职责在身，却不理解自己和他人的关系 ③在理解自身职责的前提下进行工作，却仅限于自己的职责，无法做到相互理解 ④能够逐步理解各自的职责，根据需要相互合作、支持，但不理解其目的何在 ⑤能够在理解自身职责的基础上，把握该工作的目标（目的），进而能够为团队提供支持，掌握能够改进团队方向性的方法

续表

胜任力	条目
11. 自律能力：遵守社会规则及与他人的约定的能力	①除非受到他人约束，否则无法遵守约定或规定，不理解其目的或必要性 ②遵守约定或规定。一旦无法遵守，能够反省自己的行为并有所改进 ③出现意外导致约定或规定无法达成时，能够提前采取必要的应对措施 ④在纪律范围内，能够根据情况管理自己的言行 ⑤自制力强，能够帮助他人，引领集体（整体）进步提高
12. 压力管理能力：有效应对压力的能力	①不了解是什么让自己产生了精神压力，糊里糊涂，致使压力不断累积 ②知道精神压力的存在，但无意采取对策 ③知道存在压力，想要采取对策 ④虽未处于能够享受压力的阶段，但自有一套应对压力的方法 ⑤能够把精神压力变为正向的动力，能够由衷地享受压力

以上 12 项胜任力，你都处于哪个阶段呢？

如果是①或②，说明这项能力还很不够。③是及格线。④说明你已经充分具备这项能力。如果选的是⑤，那么说明这项能力就是你的强项，值得你据此向企业推介自己。

如何让自己的胜任力水平在目前的水准上更上一层楼，下面就来介绍一下改善方法。

附录2 12 项胜任力改善方法

胜任力	条目
1. 行动力：积极主动投入工作的能力	①找不到或意识不到该做之事。接受了指示也无法付诸行动 【改善方法】制定目标，设定日期，请教（前辈等）如何贯彻指示，尝试将指示内容具体化，并复述指示内容，请指示方确认自己对指示的理解并请指示方做出示范 ②等待指示，努力完成被要求之事 【改善方法】思考如何提高效率，着手工作之前思考有无可改善之处，寻找可视作榜样之人 ③能够意识到并确认相关指示，同时努力付诸行动 【改善方法】首先行动起来，无须等待指示。将受到表扬和需改进之处列表进行对比，制订行动清单，请教自己的榜样 ④主动投入工作并坚持至完成 【改善方法】去指导处于①—③阶段的人，客观看待领导角色。努力调动对方的积极性，提高其成就感 ⑤以客观视角，关注附加价值并采取行动 【改善方法】不仅要有行动，还要考虑心理作用，要有了解对方、替对方着想的意识
2. 影响力：推动并影响他人的能力	①无法主动行动，一味地被动等待，借助他人力量 【改善方法】从成功做一件小事开始，抓住做事要领，培养自信。养成替对方着想、理解对方的习惯，力求拥有主见 ②能够主动行动并影响他人，但无法改变周围状况 【改善方法】从小事开始影响周边的人（能够互相理解的人），建立基本的信赖关系 ③能够主动行动并影响他人，且能够改变周围状况 【改善方法】努力梳理做事顺序，以便有效说服对方。帮助内向的人提高交流水平 ④推动并影响他人，能够统一团队内部的方向性 【改善方法】通过实践积累经验，学会随机应变，争取众人的支持，获得声望 ⑤影响他人使之主动采取行动，理解他人并提供恰当的方法和指示，能够统一双方的目的与意识 【改善方法】不断带动团队全体成员积极投身到工作中去

胜任力	条目
3. 执行力：设定目标、明确行动的能力	①不能设立个人目标，无法明晰思路 【改善方法】不惧失败，尽力去做 ②制订计划并实施计划，但是半途而废，或者无果而终 【改善方法】以某种程度的失败为假设来制订计划。处理好每一个过程，重视结果 ③能以某种假设为前提来制订并实施计划，但不能进行总结反省，无法持续推进 【改善方法】深思熟虑，得出规避失败的最佳方案后行动 ④能够制订详细的计划与步骤并执行，执行后能够做出评论与总结 【改善方法】更深入地了解自己，补足短板和考虑不周之处。不断积累经验，进一步增强自信心 ⑤行动有意或无意地体现出"计划—实施—总结—改善"的整体意识 【改善方法】发挥经验，制订适合自己、团队的目标或计划，并高效执行
4. 问题发现能力：把握现状、明确动机与问题所在的能力	①意识不到课题的存在 【改善方法】努力从客观的角度看问题。拓宽兴趣爱好 ②能够找到（适合自己团队、同事的）课题 【改善方法】不惧失败，勇于尝试 ③能够发现课题并自主思考，提出解决方案 【改善方法】以自己的思考、行动为中心，比较、参考他人的意见，对自己的主张负责 ④解决方案为众人（团队、同事）采纳并实施 【改善方法】拥有不同的视角，对事物要"多疑"，即怀有问题意识 ⑤回顾总结，再度实施更完善的改革方案 【改善方法】不满足于现状，永远保持探索精神
5. 计划力：确定问题的方法并实施计划的能力	①无法认清现状、目标并制订计划 【改善方法】努力做到在把握现状的同时设定目标，制订计划 ②了解计划的重要性，理解实施计划的必要性 【改善方法】要立于短期、中期、长期制订计划，用目标倒推法制订计划 ③可用目标倒推法制订计划，但是无法预测最坏的结果 【改善方法】规划时要考虑到无法按期执行的情况，制订详细的行动计划 ④能够制订周密的计划并预测突发事件 【改善方法】听取经验人士的建议，预估今后的进展情况，有实施计划的具体构思 ⑤能够通过提前预测应对突发状况 【改善方法】反省失败，培养应变能力。对可预测的意外状况做好万全准备

胜任力	条目
6. 创新力：创造新价值的能力	①只偏信既有价值 【改善方法】努力接触新价值观，挑战新事物。分析现状，多角度观察事物 ②故步自封 【改善方法】尝试对既有的常识提出疑问，积极寻找问题点。 ③对既有价值心存疑虑，但尚未酝酿出新观点 【改善方法】反复思考既有的常识和价值观，提出自己的看法 ④能够接受全新的价值观，并将其反映于自己的观点之中 【改善方法】相信并证明自己的思路，主动接受新事物和新思维，并运用到日常生活中 ⑤能够摈弃既有思维，努力创造并展示新思路 【改善方法】相信失败是成功之母，为实现目标而不懈奋斗。实践目标不是从无到有，而是为既有事物创造附加值的创新思路
7. 表达能力：清晰传达个人意见的能力	①表达不当或对方无法理解 【改善方法】消除对交流的恐惧心，用简短的文章在短时间内反复操练表达 ②能够表达，自己却不甚理解 【改善方法】留出整理思路的时间，聆听对方讲话，整理重点 ③能够表达，却抓不住重点 【改善方法】站在对方的立场上讲话 ④能够言简意赅地表达 【改善方法】站在对方的立场并充分考虑对方的意见之后表述自己的意见。用图示说明语言难以表述清楚的内容。用一句话说清要点 ⑤表达做到清晰明确，与意见及立场相左的人相互理解 【改善方法】通过反复训练和总结经验教训，提高表达的精准度。让不善沟通及理解能力弱的人也能理解
8. 倾听能力：认真倾听他人意见的能力	①无法为说话人创造良好的对话环境 【改善方法】采取积极态度，频频点头回应，让对方知道自己正在听 ②能够有意识地为说话人创造良好的对话环境 【改善方法】能够抓住对话的要点。不断积累经验，努力练就让说话人心情愉悦的倾听方法 ③听过之后，能够深入理解对话内容 【改善方法】能够总结出对话的要点。能够找出双方意见一致之处，加深对说话人的了解 ④能够边听边就不理解的地方进行提问或讨论 【改善方法】形成自己的意见。能够找出有疑问的点。提问题（搭话）要自然流畅，尽量不要打断对方 ⑤能够理解对话的本质（对方想要传达的内容）和推进过程，能够抓住恰当的时机进行提问 【改善方法】能够用语言或表情向对方表示赞同。能够找准提问的时机。立刻能把握住对话的本质和推进过程

续表

胜任力	条目
9. 灵活应对能力：理解不同立场、不同意见的能力	①不管对方是谁，不分男女老幼，一概无法理解对方的立场，一味坚持自己的行事方法和规则，强迫别人接受 【改善方法】改变态度，学会倾听别人的意见 ②大致明白对方的意见，能够理解对方持肯定还是否定的立场 【改善方法】正确、深入地理解对方的意见或立场 ③能够正确理解自己与对方在意见或立场上的分歧 【改善方法】尽量客观地加以理解 ④在正确理解意见或立场上的分歧之后，能够客观地做出判断 【改善方法】无须怯场，能够考量对方的情况并提出折中方案 ⑤能与所有人自然地对话，能够根据时间、地点、场合、目的而随机应变，恰当应对 【改善方法】能够根据对话的推进过程提前把握对方的诉求。最后能够在不影响对方心情的前提下，把对话导向自己想要传达（达成）的方向上去
10. 状况把握能力：理解自己与周围人、事关系的能力	①不明白自己在团队（集体）中的职责，行动总是困在自我满足的圈子里出不来，或是没有行动力 【改善方法】重新思考自己的职责，听取团队成员的意见，做到正确理解 ②知道自己有职责在身，却不理解自己和他人的关系 【改善方法】首先必须切实地理解自己和他人的职责所在 ③在理解自身职责的前提下进行工作，却仅限于自己的职责，无法做到相互理解 【改善方法】既要理解自己的职责，又要了解他人的职责，根据情况为对方提供支持 ④能够逐步理解各自的职责，根据需要相互合作、支持，但不理解其目的何在 【改善方法】让目的可视化，明确周围的人和事之间的关系 ⑤能够在理解自身职责的基础上，把握该工作的目标（目的），进而能够为团队提供支持，掌握能够改进团队方向性的方法 【改善方法】能够根据团队的情况调整自己的职能，能够为团队的顺利运营做出贡献

胜任力	条目
11. 自律能力：遵守社会规则及与他人的约定的能力	①除非受到他人约束，否则无法遵守约定或规定，不理解其目的或必要性 【改善方法】理解"守信"对于整个社会的意义 ②遵守约定或规定。一旦无法遵守，能够反省自己的行为并有所改进 【改善方法】分析自己为什么没能遵守规则 ③出现意外导致约定或规定无法达成时，能够提前采取必要的应对措施 【改善方法】具备前瞻力，采取行动确保自己遵守规则 ④在纪律范围内，能够根据情况管理自己的言行 【改善方法】关注规则，自行约束自己的行为，对行为负责 ⑤自制力强，能够帮助他人，引领集体（整体）进步提高 【改善方法】不仅自身要遵守纪律，还要督促他人一同遵守。以身作则，以语言和行动展示纪律的正面意义，进而发挥榜样的力量，引领整个团队提高纪律性
12. 压力管理能力：有效应对压力的能力	①不了解是什么让自己产生了精神压力，糊里糊涂，致使压力不断累积 【改善方法】分析自己的好恶、资质等，查明精神压力究竟因何而起 ②知道精神压力的存在，但无意采取对策 【改善方法】了解压力产生的原因，努力找到解决的方法 ③知道存在压力，想要采取对策 【改善方法】促使自己思考改善的方法，激起自己的热情，一件一件具体执行 ④虽未处于能够享受压力的阶段，但自有一套应对压力的方法 【改善方法】即使感到有压力，也要抓住它，使之变为自我成长的机会 ⑤能够把精神压力变为正向的动力，能够由衷地享受压力 【改善方法】进一步强化自己的意志，努力使自己在任何时候都能拥有积极的心态

附录3　理性职业选择能力评估表

步骤	进展情况	进展阶段				
		1	2	3	4	5
STEP 1	①工作意识	没和社会上有正式工作的人交流过。对工作态度消极，态度消极概念	只在兼职的地方和正式有工作的人交流过。有不想工作的念头	和有正式工作的人同事交流过，能大致想象出自己工作的样子	和30岁、40岁、50岁等各个年龄段的人都有交流过，对工作怀有积极向上的态度	和各年龄段、各种职业的人交流过。具有积极想工作的强烈欲望
	②职业观的培养（第一人称：自己的视角；第二人称：对方的视角；第三人称：社会大众的视角）	只从第一人称的视角选择职业。只从"是否有利"来看待职业：职位和行业	以自己的视角为主，但愿意从第二人称和第三人称的视角来看待职业的必要性	能站在第二人称的视角上考虑如何为对方带来利益	能站在第三人称的视角上考虑自己能为世人、社会做什么会带来什么样的影响	能关注社会上存在的问题、课题，并深刻地认识到职业是为解决上述问题而存在的
	③目标的形成（从学生时代经历中萌生的兴趣、关注点，知识和问题意识将这些形成决定人生方向的目标）	学生时代没有值得一提的经历，知识往返于家和学校之间，在狭小的世界里虚度日	有打工、做研究、参加志愿者活动、社团活动、兴趣经历，但也只是做做而已	从活动、经历中找到兴趣、关注点，知识和发展并决定职业选择的"目标"	设定选择职业时的目标，并形成个性化的东西	能够针对目标与人交流、阅读书籍、实施调查
STEP 2	④能力的反映			能在参加的活动、经历中发现自己的能力和长处	明白正是因为有了这些活动和经历才具备了这样的能力和长处	能够思考如何在社会上发挥自己所具备的能力和长处

步骤	进展情况	进展阶段				
		1	2	3	4	5
STEP 3	⑤对行业的了解 ["行业"主要分为"卖什么（商品和服务）"和"如何卖"两大类]	看过总务省的日本产业分类标准，了解行业的整体情况	了解并能够解释自己想从事的行业的产品或经营什么样的产品提供什么样的服务	能够把从自己的兴趣、关注点、知识和问题意识萌生的目标与行业结合起来	了解想从事的行业经营什么产品或提供什么服务，并能够说出它们的魅力和价值	能用自己的语言说明行业的魅力和特征。能进行比较，说出它的"独特性"
	⑥对岗位的了解	看过招聘网页等对岗位的划分，了解岗位需求量最大的岗位	了解所希望从事什么样的岗位的工作，要求具备什么样的能力	能够把从活动、经历中获得的能力，处处与岗位结合起来	了解所希望从事的工作内容，并能用自己的语言，以及了解哪里有什么岗位	了解所希望工作的内容、岗位名称，并明白自己这个岗位需要的能力
STEP 4	⑦明确的人生规划（站在第一人称角度，思考职业选择时的价值观）	能从现在的社会形势和经济状况了解一般意义上的人生规划	对将来想如何度过每一天有着模糊的概念	能用语言或文字说明自己的人生规划	能用具体数字和术语来解释工作场所、环境、劳动条件等内容	能够找到满足人生规划所需要的工作场所、环境、劳动条件的企业

参考文献

[1] エリン・メイヤー. 異文化理解力: 相手と自分の真意がわかるビジネスパーソン必須の教養 [M]. 田岡恵, 監訳. 樋口武志, 訳. 東京: 英治出版, 2015.

[2] 池田貴将. 図解モチベーション大百科 [M]. 東京: サンクチュアリ出版, 2017.

[3] 森吉弘. よくわかる森式就活履歴書・エントリーシート: 2014 年度版 [M]. 東京: ユーキャン学び出版, 2012.

[4] 森吉弘. よくわかる森式就活面接: 2014 年度版 [M]. 東京: ユーキャン学び出版, 2012.

[5] 服部泰宏. 採用学 [M]. 東京: 新潮社, 2016.

[6] 岩出雅之, 森吉弘. 負けない作法 [M]. 東京: 集英社, 2015.

[7] 鶴光太郎. 性格スキル: 人生を決める 5 つの能力 [M]. 東京: 祥伝社, 2018.

[8] ホランド. ホランドの職業選択理論: パーソナリティと働く環境 [M]. 渡辺三枝子, 松本純平, 道谷里英, 訳. 東京: 雇用問題研究会, 2013.

[9] ゴールマン. EQ 〜こころの知能指数 [M]. 土屋京子, 訳. 東京: 講談社, 1996.

[10] 占部礼二. 大学生の職業選択基準の研究と職業選択ルーブリック試案 [J]. 経営論集, 2018, 28 (1): 115-131.

[11] D カーネギー. 人を動かす [M]. 山口博, 訳. 大阪: 創元
社, 1999.

　　求职找工作是思考人生的重要契机。我辞去日本广播协会的播音员工作，立志从事职业技能和职业发展专业教育工作，主要源于自己当年找工作就业时所遇到的问题，以及这项工作本身虽然具有较强的专业性，但始终不受重视这两方面原因。

　　职业技能和职业发展教育在日本的官方定义是"通过培养基础能力和态度，帮助每个社会成员在社会生活和职业生涯中获取自立的能力，促进其终身学习和发展的教育活动"。其目的在于通过各种形式的教育活动，使受教育者能够获取无论从事什么职业都需要具备的基本能力和实际应用能力，帮助受教育者在自己的职业生涯中自立自强。

　　对于很多人来说，不断学习的目的是找一份更好的工作。为了更好地工作，除了学习知识，还要具备一些最基本的能力，以及运用这些基本能力开展工作的实践能力。为了更好地开展工作，仅靠在学校里被动地学习还不够，还要掌握主动学习的本领。

　　我在刚开始求职找工作的时候，从一名公司职员那里学会了如何看问题，如何思考问题。我请他审阅自己的简历，他看后，问我："你自己觉得这个简历会让人产生读下去的兴趣吗？"我说："当然会。我花了3个小时写的。"他仔细看后，对我说："你简历的写法很难让人产生阅读的兴趣。"当时，我并没有充分理解他的意思。后来，随着经验的积累，我才恍然大悟，他的意思是说，我没有站在对方的立场上写自己的简历，也没有做到让人看了这个简历后有见面的冲动。也就是说，做事不能只考虑自己，还要学会站在别人的角度去看问题，学会替别人着想。做学生的时候主要考虑自己无可厚非，但作为一名想要融入社会、融入工作集体的人，只考虑自己显然是不够的。尤其是作为一名企业的员工，要学会更多地从客户的角度考虑问题，让客户满意才是工作的本质要求。自己的事要往后放，看问题的视角全然不同，这可能就是那名公司职员想告诉我的。

简历的写法同样如此。不能只写自己想写的，要写成别人想要读的东西。最好是能够让看了简历的招聘单位想邀请你来参加面试。我那时比较幼稚，心中只有自己。这个新视角可以说对我的人生产生了积极的影响。

学弟学妹们在我求职成功后都来找我讨教。这也成为我创立"森研讨班"的契机。在日本广播协会工作的那段时间里，我利用晚上的空闲时间，在自己家里开展一些相关的研讨活动。有时，我还会奔赴东京、北海道、福冈等地召开研讨会，与大家分享自己的经验、体会，介绍相关的知识并开展培训活动，不分昼夜地忙碌着。如今，有不少来自亚洲各国的留学生也参加了我的"森研讨班"，结课的学生超过1000人。

我也会自费前往一些亚洲国家，开展研讨活动。对此，有人不解，有人惊讶，但我始终坚持着。支撑我的是一种"有您在，有您的需要，就有我"的精神。我和我的家人，甚至整个日本都需要这样的精神来维系生活。近些年，由于劳动人口持续减少，在日本的商场、超市里，经常会有许多外国人在打工。工厂企业也越来越依靠外国员工来支撑生产。没有他们就没有现在的日本，我们与他们正在逐步融为一个集体。我的活动就是对他们的付出所做的回报。

相信本书会成为我与大家结识的良机。我会因大家的鼓励而不断学习。请留言至 moridon@morisemi.com，我将竭诚为大家服务。

在这里，我还要感谢众多留学生和日本学生，因为有了大家的鼓励才有这样一个结晶。我忘不了和大家一起欢笑、一起悲伤、一起讨论的日日夜夜。谢谢大家！

我还要感谢所有我认识的人，每一次结识于我而言都是一次学习的机会，大家都是我的良师益友。

森吉弘